沢樹舞のおいしい時間

2

素材が教えてくれるレシピ集

ファーム トゥー テーブル

Farm to table

はじめに

畑を始めて、今年で7年になります。
横浜の郊外に畑を借りて、
週末毎に通っては四季折々の野菜を育てています。
そんな暮らしをする中で、ふと気がついてみると、
わたしの料理が随分と変化していました。
「今日は何を作ろうかな」
「シチューの材料を買いに行こう」
たいていは、作りたいもの、食べたいものがあって、
スーパーに行きますよね。
そのメニューに必要なものを買いに行く。
でも、今のわたしは、ちょっと違うのです。

素材が料理を教えてくれる

畑に出かけるたびに、いろんなことを学びます。
お日様の力、風の匂い、土の感触。
そうして収穫した抱えきれないほどの野菜を、
えいこらしょっ！とキッチンに運んでは、
次の週末までの間、せっせと料理するのです。
「丸々1個の白菜、どうやって食べきろう？」
「ピーマン100個も穫れちゃった！」

何を、どう料理するか、何を、どう食べるか。

それはわたしが決めるのではなく、
目の前にある野菜が決めるのです。

自分の都合や勝手より、素材の都合や主張が優先される。

そして、さらには、

「今日中に食べて、たった今がおいしいよ」

「生ばかりじゃなく、煮るのもいいよ」

「葉っぱも皮も残さず使ってね」

わたしに囁きかけるのです。

その声に必死に耳を傾けながら、キッチンに立ち、
無我夢中で料理する。

ここ数年のわたしのレシピは、こうして生まれたのでした。

畑をやるまでは、
こんなこと、想像もしていなかったけれど、
料理に対する価値観や優先順位を、
野菜達は鮮やかに変えてしまいました。
さらに、その変化は野菜に留まらず、
魚、肉、乳製品、調味料に至るまで、
ありとあらゆる食材に染み渡って行きました。
野菜に旬があるように、魚にも四季折々の旬があり、

肉には育った場所や育てたひとの風土が宿る。
チーズやみそやしょうゆなど、
発酵という神秘の力に心を惹かれて止まないのは、
きっとわたしの原点であるワインに繋がっているからでしょう。
知れば知るほど、向かい合えば合うほど、
皆わたしに雄弁に語りかけてくれます。

ファーム・トゥ・キッチン

素材が教えてくれた料理には、
食べたひとを笑顔にし、元気にする力があります。
なぜならそこには、
自然の営みや生産者の思いがぎっしりと詰まっているから。
春夏秋冬、
素材たちとおしゃべりしながら生まれたレシピをお届けします。
畑からキッチンへ。
産地から食卓へ。
皆さまのテーブルにおいしく幸せな花が咲くことを願って。

沢樹 舞

もくじ

●本書の分量表記の大さじ1は15cc、小さじ1は5cc、1カップは200cc、1合は180ccです。

Spring 1

香りは、おいしさだと思う。

3月から4月は、「春」がつく野菜の季節です。春野菜の特徴は、フレッシュで甘く柔らかな香りと、口の中に含むと広がるほろ苦さ。それは寒く厳しい冬に耐えた抜いたのちに芽吹く、自然の力強さなのでしょう。そんな野菜たちを口にすることで、わたしたちの体にも冬から春へと切り替わるスイッチが入ります。春野菜の香りとおいしさを存分に味わうレシピをご紹介します。

鶏肉とたけのこの豆豉クリーム煮

濃厚でクセになること請け合い！
豆鼓とタケノコ、生クリームの幸せな出会い

春の味覚の代表たけのこと生クリームは大好きな組み合わせ。塩を効かせた肉とたけのこに生クリームを加えると、おしゃれでリッチな味わいが生まれます。

春になると、毎年畑の仲間とたけのこ掘りをします。先日、このたけのこ掘りの最中にふと豆豉が頭をよぎりました。わたしの中国料理のレシピでは欠かせない中国調味料でいつも冷蔵庫に常備しています。これをたけのこの生クリーム仕立てにプラスしたらどうなるだろう。さっそく試してみたところ、おいしいのなんのって……。豆豉を生クリームに溶かすとまるでフランス料理のソースのような印象。どこか黒トリュフに似た香りもするから不思議です。

Point 1

豆豉（トウチー）は大豆を発酵させてできた中国料理の調味料。濃厚な旨味と塩辛いのが特徴。

Point 2

はちみつを加えることで、白ワインの酸味がやわらぎマイルドな味わいに。さらにコクも増す。

Point 3

鶏肉に火が通ったら生クリームとみじん切りにした豆豉を加え、全体に行き渡るように混ぜる。

Recipe

材料 2人分

たけのこ
（茹でてアク抜きしたもの）
…200g
鶏もも肉…300g
豆豉…大さじ1
白ワイン…1/3カップ
はちみつ…小さじ1
生クリーム…70g
白だし…小さじ1
オリーブオイル、塩、
黒こしょう…各適宜
木の芽（あれば）…適宜

1 茹でてアク抜きしたたけのこは1cm幅程度のくし切りにする。
2 鶏肉は一口大に切って塩、こしょうをする。
3 豆豉はみじん切りにする。
4 フライパンにオリーブオイルをひき、鶏肉を皮目から色よく両面を焼く。
5 鶏肉の全体に焼き色がついたら、ペーパーで余分な油を拭き取り、たけのこを加えて鶏肉と一緒に炒め合わせる。
6 白ワインとはちみつを加え、ひと煮立ちしたら蓋をし、弱火で鶏肉に火を通す。
7 蓋を開けて火を強め、生クリームとみじん切りにした豆豉を加えてひと煮立ちさせ、混ぜる。白だしを加えて味を調える。木の芽を散らしてできあがり。

My Best Select Wine

ラウル・ペレス
●「ウルトレイア・サン・ジャック」

ローカル品種メンシアを、複雑で洗練された味わいに仕上げた赤ワイン。涼やかでエレガントな味わいで、豆豉が生み出す濃密なコクを上品に受け止めます。

参考価格　3,600円（税抜）
［ワイナリー和泉屋］

勝沼の
あわ

たけのことアサリと山菜のパエリア

春の食材3種が揃い踏み。香り豊かな春のごちそう
料理教室でも大人気の沢樹流パエリア

掘ったばかりのたけのこで作ったごはんの味は、それはもう最高。そのたけのこごはんをスペインの伝統料理、パエリアに仕立てます。

パエリアは魚介類や野菜を米と一緒に炊きあげる、いわばスペイン風の炊き込みごはん。難しそうなイメージがありますが、蓋ができるフライパンがあれば簡単にできます。

ポイントはお米を炊きあげるときの水の量。フライパンでひき肉とお米をざっと炒め合わせたら、お米の表面を平らにし、5㎜程度オーバーする量の水を注ぎます。計量しなくてもアバウトでOK！たけのこをのせ、蓋をして火にかけて、沸騰したら弱火で15分。アサリと山菜を入れ、5分蒸らしたら完成です。

Point 1
水加減は、フライパンの中を平らにして表面から5mm程度オーバーする量が目安。厳密でなくてもOK!

Point 2
たけのこはくし切りにして加える。先端の部分は形のアクセントに。

Recipe

材料 4人分

- 米…2合
- たけのこ（茹でてアク抜きしたもの）…中1本
- アサリ…10～12個
- たらの芽…8～10個
- ふきのとう…6～8個
- にんにく…1かけ
- 豚ひき肉…100g
- 顆粒ブイヨン…10g
- 水…適宜
- オリーブオイル、塩、黒こしょう…各適宜

1. 米は洗って水気をきる。茹でてアク抜きしたたけのこはくし切りにする。アサリは海水程度の濃さの塩水に浸して砂出しをし、たらの芽とふきのとうは塩を入れた熱湯でサッと茹でる。にんにくはみじん切りにする。
2. フライパンにオリーブオイルとにんにくを入れて火にかけ、香りが立ったら豚ひき肉を入れ、塩、こしょうをして色が変わるまで炒める。
3. 米を加えてざっと炒め合わせたら表面を平らにならし、米の表面から5㎜程度オーバーする量の水を注ぐ。
4. たけのこをのせ、顆粒ブイヨンを振りかけざっと混ぜたら蓋をして強火にする。沸騰したら弱火にし、約15分炊き込む。
5. 9分ほどしたら蓋を開け、アサリを入れて再び蓋をする。5分ほどしてアサリの口が開いたら強火にし、1分ほどしたら火を止める。
6. たらの芽とふきのとうを上に並べ、蓋をして5分ほど蒸らしたらできあがり。

My Best Select Wine

シャトー・メルシャン
●「勝沼のあわ」

山梨県甲州市勝沼地区の甲州種で作られるスパークリング・ワイン。繊細な泡とほのかな柑橘系の香り、後味のほろ苦さが、たけのこや山菜と絶妙なハーモニーを奏でます。

参考小売価格　2,160円
［メルシャン］

Mercian

Point 1
寿司酢にシラスを浸したシラス酢。ご飯に混ぜると旨味と風味が増す。

Point 2
ウナギは身のほうから焼きつける。たっぷりのオイルを使うと香ばしくふっくらと仕上がる。

Point 3
菜の花や山菜はさっと塩茹でする程度にし、香りと歯ごたえを残す。

ウナギのちらし寿司

山菜のほろ苦さが春の味
満開の桜の木の下で味わいたい

春先の行事といえばお花見。満開の桜の下で、お弁当を広げて過ごす楽しさは、格別なものがありますね。春先はお花見だけでなく、お祝いごとも多い季節です。家族や仲間のハレの日にちらし寿司を作る。そんなときはとっておきのお重に色とりどりの具材を詰めて、華やかに仕上げましょう。春野菜や山菜をふんだんに使った春のちらし寿司です。

ポイントは、シラスを浸した「シラス酢」。寿司酢にシラスの旨味が加わるという、わたしの母秘伝の技。これを炊き上げたご飯に加えます。

うなぎはタレを洗い流して揚げ焼きにし、サクッと香ばしい関西風に仕上げます。お重に寿司めしを詰め、具材を美しく盛りつけましょう。

Recipe

材料 4人分

米…2合
シラス酢
　寿司酢…60cc
　シラス…大さじ3
ウナギのかば焼き…1本
菜の花…½束
こごみ…6本
卵…2個
オリーブオイル、サラダ油、塩、マヨネーズ…各適宜

1 米はかために炊く。寿司酢にシラスを浸して5分おき、シラス酢を作る。
2 ウナギのかば焼きをザルにのせ、熱湯を回しかけてタレを洗い流す。ペーパーで水気をよく拭き、半分に切る。
3 フライパンにオリーブオイルをひき、ウナギを身のほうを下にして入れ、こんがりと焼き目がつくまで焼く。ひっくり返して皮目も焼き、1・5㎝幅に切る。
4 菜の花とこごみは塩を加えたたっぷりの湯で1分ほど茹で、水気を絞る。
5 ご飯が炊けたら飯台に移し、シラス酢を回しかけて、しゃもじで切るように手早く混ぜて寿司めしを作り、冷ます。
6 卵を溶きほぐし、ひとつまみの塩とマヨネーズ少々を加え混ぜる。サラダ油をひいたフライパンに流し入れ、菜箸で混ぜながら細かい炒り卵を作る。
7 寿司めしを器に盛り、ウナギ、菜の花、こごみ、炒り卵を彩りよく盛りつける。

My Best Select Wine

シャトー・メルシャン
「アンサンブル 萌黄」
シャルドネを主体に日本の固有品種である甲州をブレンド。清々しくエレガントな味わいで、春野菜の甘みや山菜のほろ苦さ、寿司めしの甘酸っぱさにもぴったりマッチ。
参考小売価格　1,590円
［メルシャン］

春野菜のオイル和え とろとろ卵ソース

**トロットロに仕上げた卵を、春野菜と盛りつけて
花椒風味のオイルが決め手！**

春になると、体は冬の間に溜め込んだいろいろなものをせっせと外に追いだして、生まれ変わろうとするのだそうです。柔らかな甘さの中にほろ苦さを持つ春野菜は、冬から春へとスイッチを切り替える役目を果たします。ここでご紹介するのは、春野菜をたっぷりいただくとっておきのレシピ。花椒入りのアツアツのオイルが、春野菜の香りとほろ苦さを、一層引き立てます。

Recipe

材料 2人分

スナップえんどう…6個
いんげん…8本
菜の花…½束
オリーブオイル
…大さじ3
花椒…少々
卵…3個

マヨネーズ…大さじ1
バター…大さじ1
塩…適宜

1 スナップえんどうといんげんは筋を除き、菜の花とともに食べやすい大きさに切り、塩少々を入れた熱湯でサッと茹でてザルにあげ、粗熱をとる。

2 小鍋にオリーブオイルと花椒を入れて火にかけ、アツアツに熱したら火からおろし、**1**に回しかけ、軽く塩を振る。

3 ボウルに卵を割り入れ、マヨネーズを加えよく溶き混ぜる。バターを溶かして温めたフライパンに流し入れ、火にかけたり離したりしながら、トロトロの状態のスクランブルエッグを作る。

4 オイルで和えた野菜とともに皿に盛る。

Point 1

マヨネーズに入っている「乳化された植物油と酢の成分」が、加熱時の卵のタンパク質の結合をゆるめトロトロ仕上げに。

My Best Select Wine

トーレス
「ヴァルトラウド・リースリング」

スペインで栽培したリースリングで作る白ワイン。シトラスやベルガモットを思わせる豊かな香りと、ほのかな甘さが、春野菜のほろ苦さや卵の優しさとぴったり。

参考商品

春キャベツとシラスのトースト

シラスの旨味と塩気が絶好の調味料
大人の休日のブランチに

3月から5月にかけて出回る「春キャベツ」は巻きがふんわりとゆるくて形が丸く、葉が厚目なのが特徴です。柔らかく甘い春キャベツは生はもちろん、さっと火を通すのも、その甘さが際立つおいしい食べ方。同じく春から初夏にかけて旬を迎えるシラスを合わせ、香ばしく焼いたトーストにのせました。スクランブルエッグを添えれば、春のブランチにもぴったりです。

Recipe

材料 1人分

キャベツ…2枚
シラス…大さじ3
オリーブオイル…小さじ2
卵…1個
マヨネーズ…小さじ1
バター…適宜
食パン（5枚切り）…2枚
黒こしょう…適宜
パルメジャーノ…適宜
プチトマト…適宜

1 キャベツは氷水にさらし、シャキッとしたら一口大にちぎり、水気のついたままフライパンに広げ、シラスを振りかける。オリーブオイルを垂らし蓋をする。

2 強火にかけ、パチパチと音がしてきたら火を弱め、5分程度で火を止める。そのまましばらくおき、蒸し煮の状態にする。

3 卵とマヨネーズを合わせて溶きほぐす。バターを溶かしたフライパンに流し入れ、スクランブルエッグを作る。

4 トーストした食パンの上に**2**と**3**をのせ、黒こしょう、すりおろしたパルメジャーノを振り、トマトを添える。

My Best Select Wine

フェレ・イ・カタスス
「カヴァ・ブリュット・リゼルヴァ」

スペインの高級スパークリング・ワインを「カヴァ」と呼びます。お手頃でクオリティが高く家で楽しむのにぴったり。柑橘系と青リンゴのアロマがすっきり爽やか。

参考商品

グリーンピースとレタスの煮物

**グリーンピースのみずみずしい香りを味わう
フランスのお総菜の定番**

春野菜の中でも目を引くのがグリーンピース。年中手に入る冷凍や缶詰とは違い、さやから取り出したときのコロンとした可憐な姿は、まさしく春そのものです。フランスでは、春になると決まって食卓にのぼるお総菜があります。それは「プチ・ポア・フランセ」。プチ・ポアとはグリーンピースのこと。新鮮なグリーンピースをレタスと一緒にさっと煮るシンプルで優しい味わいの料理です。

Recipe

材料 2人分

グリーンピース…20本
バター…大さじ1
玉ねぎ…1/4個
ベーコン…50g
小麦粉…大さじ1
レタス…1個
顆粒ブイヨン…小さじ1
水…200cc
塩、黒こしょう…各適宜

1 グリーンピースはさやから豆を取り出し、塩ひとつまみを入れた沸騰した湯で、1分ほど茹で、そのまま鍋の中で冷ます。

2 鍋にバターを溶かし、せん切りにした玉ねぎをしんなりするまで炒める。

3 1cm幅程度に切ったベーコンを加えてざっと炒め、小麦粉を振りかけまんべんなく混ぜ合わせる。

4 ちぎったレタスを鍋に入れ、顆粒ブイヨンを振りかけて水を注ぎ、蓋をして5分ほど中火で蒸し煮にする。

5 水気をきったグリーンピースを加え、1分程度煮て、塩、こしょうして味を調える。

Point 1

グリーンピースはさっと茹でたあと、そのまま鍋の中で冷ますとしわにならない。水気をきって冷凍保存も可。

My Best Select Wine

ロス・ヴァスコス
「ソーヴィニヨン・ブラン」

ハーブの香りにパイナップルや青りんごの果実のフレーバーが心地よく、豊かなミネラルのキレとほろ苦さが、春野菜とも絶妙にマッチします。

参考価格　1,650円（税別）［ファインズ］

八宝菜

**野菜をたっぷり召し上がれ
栄養たっぷり具だくさんなおかず**

「五目うま煮」ともいわれる中国料理の定番です。「八」は8種類ではなく「たくさんの」という意味だそうで、豚肉や鶏肉といった肉類と、エビやナマコなどの魚介類に、さまざまな野菜と茹でた卵などを入れる賑やかな料理です。今回は春野菜をふんだんに使いごちそう風に。中華鍋と強い火力で野菜の歯ごたえを残しながら一気に仕上げ、五香粉をひとつまみ加えるのがポイントです。

Recipe

材料 2～3人分

キャベツ（大きめの葉）…4枚
スナップえんどう…10個
にんじん…1本
長ねぎ…1本
きくらげ…5個
生姜…1かけ
豚肉（お好みの部位）…300g
むきエビ…200g
うずらの卵（茹でたもの）…6個
サラダ油…大さじ1
五香粉…ひとつまみ
酒…50cc
鶏ガラスープの素（顆粒）…大さじ1
オイスターソース…大さじ1
水…100cc
水溶き片栗粉…大さじ1
塩、黒こしょう…各適宜

1 キャベツは芯の部分を取り除き、食べやすい大きさにちぎる。スナップえんどうは筋を除く。

2 にんじんは約5cm長さの薄切り、長ねぎは約3cm長さの斜め切りに。きくらげは10分ほど水につけて戻す。生姜はせん切りに、豚肉は一口大に切る。

3 たっぷりの湯でキャベツとスナップえんどうを1分程度茹で、水気をきる。同じ湯でむきエビをサッと茹でて水気をきる。

4 中華鍋にサラダ油をひき、生姜を炒め、豚肉を加えて炒め、色が変わったら五香粉をひとつまみ加える。

5 にんじん、長ねぎ、きくらげの順にかたいものから炒め合わせ、**3**を加える。酒を注ぎ、鶏ガラスープの素とオイスターソースを加え、ひと煮立ちしたら水を注いで蓋をし、3分程度煮る。塩で味を調え、うずらの卵を加え、水溶き片栗粉でとろみをつける。黒こしょうを振る。

My Best Select Wine

テラザス
●「リゼルヴァ・トロンテス」

アルゼンチンの固有品種「トロンテス」は、バラや熟したモモなどの甘い香りが特徴。後味に残るほのかな苦みと 豊かな果実の旨味が、中国料理のスパイスにもぴったり。

参考価格　2,400円（税別）
［MHD モエ ヘネシー ディアジオ］

桜エビとシラスの香菜焼きそば

お馴染みの焼きそばが大変身
香りのマジックを楽しんで

Point 1
香りのトッピングの材料。カリカリに炒めて仕上げにのせる。香ばしさと歯ごたえのアクセントに。

Point 2
生姜の香りを移した油で麺を炒める。香菜と長ねぎの一部は炒めて火を通す。

Point 3
トッピング用の香菜と長ねぎ、香りのトッピングはたっぷりのせる。

料理にとって香りは大切な要素です。香りから料理のイメージが湧くこともしばしばあって、時には香りそのものを楽しむためのレシピを考えます。この焼きそばも、そんなところから生まれた料理です。

春が収穫期のシラスや桜エビを、風味の豊かなごま油と火にかけカリカリにすることで、香り高いトッピングが完成します。

さらに、エスニックな香りの代名詞である香菜、中国料理に欠かせない松の実、そしてたっぷりと加えた生姜がアクセントとなって、複雑で香り豊かな焼きそばが完成します。

香りでおいしさが何倍にもなるマジックです。

Recipe

材料 2人分

香りのトッピング
- シラス…50g
- 桜エビ…50g
- 松の実…20g
- ごま油…適宜

香菜…1束
長ねぎ…1/2本
生姜…1かけ
中華麺…3玉
オイスターソース…大さじ1
酒…小さじ1
だししょうゆ…大さじ1
サラダ油、黒こしょう…各適宜

1 香りのトッピングを作る。フライパンにシラス、桜エビ、松の実を入れてごま油を回しかけ、軽く混ぜてから火にかける。飛び跳ねに注意しながらカリカリになるまで炒め、ペーパーの上に取り出す。

2 香菜は3等分くらいに切り、長ねぎは斜め薄切りにする。

3 フライパンにせん切りした生姜とサラダ油を入れ火にかける。香りが立ってきたら麺を手でほぐしながら入れ（ほぐれないようなら分量外の少量の酒を加える）、ざっくりと炒める。

4 香菜と長ねぎをトッピングの分だけ残して加え、炒め合わせる。オイスターソース、酒、だししょうゆを合わせて加え、全体に絡めるようにしながら炒め、仕上げに黒こしょうを振って火を止める。

5 器に盛り、残しておいた香菜、長ねぎ、香りのトッピングをのせる。

My Best Select Wine

ロス・ヴァスコス
●「ロゼ・ロスヴァスコス」

フランスの名門ラフィットグループがチリで手がけるロス・ヴァスコス。軽やかな味わいとしっかりとした余韻はエスニックやスパイシーな料理にもぴったり寄り添います。

参考価格　1,650円
［ファインズ］

Column 1

富山というテロワール

「料理のアイディアはどこからくるの？」

そんな質問を受けるたび、まず頭に浮かぶのは母が作ってくれた料理です。

煮魚、お煮染め、けんちん、おから。そしてカレーやシチューやハンバーグといったお馴染みのメニュー。中には母が祖母から受け継いだ「家の味」もあります。

でも、今わたしがご紹介しているレシピは、子供の頃に食べたものとはかなり趣の違うものばかりです。

20代をファッションモデルとして過ごしたわたしは、世界中を旅する中で実にさまざまな料理や食材を知りました。30代はソムリエとして、大勢のシェフたちの料理を間近で学びました。

そして現在、わたしの活動の中心は料理になりました。慣れ親しんだ母の料理に、ヨーロッパやアジアで知った味、レストランでの経験がミックスされ、わたしの料理が生まれたのだと思います。

さらに、わたしにとって「富山の食材」は欠かせない要素です。

我が故郷富山県は、3千メートル級の山々が屏風のように広がり、豊かな水脈から湧き出る水は真夏でも凛々たる清らかさがあります。

そんな豊かな水がもたらすおいしい米や、旨い酒。

天然のいけすとも呼ばれる富山湾では、冬は寒ブリ、真ダラ、甘エビ、ズワイガニ、春先には白エビ、ホタルイカ…魚の名を挙げたら枚挙にいとまがありません。

故郷を離れ、大人になって初めて故郷の食の豊かさを知ったのですが、今では富山から届く食材で季節を感じ、そこから新しいレシピが生まれます。

例えばわたしは、身近な食材や旬の食材を使って、さまざまなオリジナルのパエリアを作るのですが、中でも好評だったものに「ホタルイカと青豆のパエリア」があります。

富山湾に春の訪れを告げるホタルイカと、同じく春限定の生のグリーンピースが出会うとき、それはもはやスペイン料理ではなく、沢樹舞の料理になるのです。

フランスには「テロワール」という言葉があります。その土地固有の気候、土壌、自然、あるいは人。テロワールとは、それらすべてをひっくるめた壮大な意味を持つ言葉ですが、要はそれを「風土」と言うのだろうとわたしは思います。

その土地が育んだ食材や、独自の伝統や歴史的な背景が、バラエティに富んだ個性豊かな料理を生み出し、受け継がれてきました。

富山の風土がもたらす豊かな食材や、郷土の人々が育んできた食文化、母が教えてくれた味。わたしに料理を教えてくれるのもまた、富山というテロワールなのだと思います。

の浦

の浦

沢樹舞の畑だより

春

SPRING

まだ、寒さが厳しい2月の畑に、耕耘機の音が響きます。
じゃがいものための土作りは、春を迎える準備です。
耕して、堆肥を蒔いて、耕して。そうするうちに、
カチカチに締まっていた地面が、ふかふかのお布団のようになる。
クワを入れ、掘り起こすと、ふわりと土の匂いが漂います。
身を縮めて春を待っていたものたちが、
一斉に息を吹き返した香りでしょうか。

周囲の山からは、たけのこや山菜が食卓を賑わせ、畑では、
春大根、春かぶ、春キャベツ、
そして青豆の最盛期がやってきます。
「春」が付く野菜は、甘く柔らかな香りがします。
冬の寒さで固く閉じこもっていたものが、
するりと緩んで一気に溢れ出したような、そんな若々しい香りです。

口に含めば、甘さの中に、ほろ苦い香りが広がります。
そのほろ苦さは、初々しさの中にある、
厳しい冬を耐え抜いた力強さなのでしょう。
「新」のつく野菜も、春とともにやってきます。
新玉ねぎ、新にんじん、新ごぼう、そして新じゃが。
年中出回る野菜なのに、
この時期の「新」とついたものには、特別な香りがある。
あのとき、畑でかいだような、すがすがしい香り。
生命力に溢れた、土の香りです。

生まれて初めて、
季節や旬を野菜から感じたのは、春でした。
わたしは香りで、春を知りました。
香りはおいしさだと思う。
だから、ふんだんに香りを味わうために、
春野菜は余り火を入れないで、
せいろで蒸したり、さっと湯がいたり。
春の野菜がそうわたしに教えてくれました。

Spring 2

これが、生命の力。

ゴールデンウィーク明けから梅雨入りまでの春後半には、「新」がつく野菜が顔を揃えます。新じゃが、新玉ねぎ、新にんじん……。年中手に入る野菜でも、「新」がつくあいだは、特別な味わいを貯えています。土から抜いたばかりのみずみずしさ、生命力みなぎる若々しさ、甘さ。サラダやマリネなどにして、期間限定のフレッシュなおいしさを楽しむレシピをお伝えします。

hugl

新じゃがとそら豆のサラダ

春の終わりの味覚を楽しむ
さわやかごちそうサラダ

梅雨が近づくと、畑ではいよいよじゃがいもの収穫が始まります。掘ったばかりのじゃがいものみずみずしさや甘さを知ることができたのは、自分たちで育てたご褒美かな。そして同じ時期に旬を迎えるそら豆。そら豆は苗を植えてから実をつけるまで半年もかかるのですが、収穫できるのはわずか10日ほど。楽しめるのは一瞬といっても過言でありません。

春の後半を象徴する二つの野菜を合わせて作るフレッシュなサラダです。マヨネーズではなく、サワークリームと白ワインビネガーで仕上げるのが沢樹流。さわやかさが一層際立ちます。

Point 1

ひき肉はポロポロになるまで炒める。肉から出た脂でさらに炒める感覚で。肉の旨味が増しだし代わりに。

Point 2

じゃがいもは皮付きのまま、木べらやフォークでざっくりと割ると味が染み込みやすい。

Recipe

材料 2人分

- 新じゃがいも（小）…8個
- そら豆…4房
- 新玉ねぎ…½個
- エシャレット…4個
- 合いびき肉…100g
- サワークリーム…大さじ2
- 白ワインビネガー…大さじ1
- はちみつ…小さじ1
- オリーブオイル、塩、黒こしょう…各適宜

1 じゃがいもはよく洗って皮のまま水から茹でる。途中で殻から出したそら豆を加えてサッと茹で、ザルにあげて薄皮をむく。新玉ねぎは薄切りにする。

2 フライパンにオリーブオイルをひき、みじん切りしたエシャレットと合いびき肉を、焦がさないように注意しながらポロポロになるまでしっかり炒める。塩、こしょうで強めに味をつける。

3 茹でたじゃがいもをボウルに入れ、木べらでざっくりと二つ割りにし、新玉ねぎ、ひき肉、サワークリームを加えて和える。途中で白ワインビネガーとはちみつ、オリーブオイルを加え、塩、黒こしょうで調味する。

My Best Select Wine

フーグル・ヴィンマー
●「グリューナー・
フェルトリーナー・クラシック」

オーストリアの白ワイン。みずみずしい柑橘系の果実味に花の香りや白こしょうのニュアンス、すっきりとした酸味やミネラルが野菜の旨味やビネガーと溶け合います。

参考価格　1,590円
［ファインズ］

KLOSTOR
RIESLING
MOSEL

新じゃがとタコのサラダ

オリーブオイルづかいが決め手
「出会いもの」の相性のよさを味わうサラダ

桜前線と同じように、新じゃがの収穫期も北上するってご存知でしたか。年明けから鹿児島産や長崎産が並ぶのを皮切りに、5月から6月には、東海、関東、東北へ。そして初夏には北海道に上陸します。皮が薄く、みずみずしいのが新じゃがの魅力ですが、その味わいを引き出すのが上質のエキストラヴァージンオリーブオイルです。

イタリアで「出会いもの」と呼ばれるほど新じゃがと相性のよいタコに、オリーブオイルを最大限に利用して、おしゃれなサラダを作ります。

Point 1

タコからおいしいだしが出るので、旨味を引き出すようにしっかりと炒める。

Point 2

タコを炒めたオイルは、旨味が詰まったドレッシング。タコと一緒にアツアツをじゃがいもにかける。

Recipe

材料 2〜3人分

新じゃがいも（小）…8個
茹でタコ…足1本
にんにく…1かけ
鷹の爪…1本
ケッパー…大さじ1
オリーブオイル、塩、黒こしょう
…各適宜
イタリアンパセリ…2〜3枝

1 じゃがいもはよく洗い、皮をつけたまま水から茹でる。タコは一口大に切る。にんにくと鷹の爪は粗く刻む。

2 フライパンにオリーブオイルをひき、にんにくと鷹の爪を入れて火にかけ、炒める。香りが立ったらタコを加え、和えるようにざっと炒め、軽く塩、こしょうをして下味をつけ、火を止める。

3 茹であがったじゃがいもをふきんに包み、皮をむく。ボウルに入れ、ヘラやフォークなどでざっくりと2つ〜4つに割る。

4 **2**のフライパンを再び火にかけてアツアツに再加熱し、**3**にざっとかける。ケッパーを加え、塩と黒こしょうで味を調え、オリーブオイルを全体にひとまわりかける。

5 器に盛り、イタリアンパセリをあしらう。

My Best Select Wine

クロスター醸造所
「クロスター リースリング
モーゼル QBA」
すっきりとした甘口で世界中で大人気のドイツの白ワイン。フルーティーですっきりとした甘味が、タコの旨味やケッパーの酸味ともマッチして、クセになるおいしさです。
参考価格　1,350円（税別）
［モトックス］

鶏もも肉のグリルと新玉ねぎのカレー風味

**グリルした鶏肉をマリネするだけ
無性にカレー味が恋しくなったときにおすすめ**

料理上手への近道。そのひとつが調味料使いだと思います。母の代から定番で万能の調味料といえばカレー粉です。何種類ものスパイスをブレンドしたカレー粉は、炒め物や煮物などの定番料理にちょっと加えるだけで、味がバッチリ決まります。香ばしくグリルした鶏肉をカレー味でマリネして。甘い新玉ねぎと絶妙なマッチングが完成します。

Recipe

材料 2人分

鶏もも肉…1枚
新玉ねぎ…1個
マリネ液
カレー粉…大さじ1
酢…大さじ1
白だし…小さじ1
オリーブオイル…大さじ2

オリーブオイル、塩、黒こしょう…各適量
バゲットなど（お好みで）…適量
イタリアンパセリ（あれば）…1枝

1 鶏もも肉は塩、こしょうをし、皮目を下にしてオリーブオイルをひいたフライパンに入れてから点火し、炎の先端がフライパンの底にちょうど届く程度の火加減で、蓋はしないでじっくり焼いて皮目をパリッと仕上げる。鶏肉の厚みの半分ほどの色が変わってきたらひっくり返し、片面もじっくり焼く。焼きあがったら2cmほどの幅に切る。

2 せん切りした玉ねぎ、鶏肉をボウルに入れ、マリネ液の材料を順に加えて混ぜ合わせる。5分ほどおき、全体がしんなりと馴染んだらできあがり。バゲットなどのトーストにのせてもおいしい。

My Best Select Wine

ポール・ジャブレ・エネ
●「コート・デュ・ローヌ パラレル45 ルージュ」

南仏はコート・デュ・ローヌ地方で作られる赤ワイン。ブラックチェリーやカシスの凝縮された香りや果実味に、スパイシーで複雑な香りがカレーの風味を引き立てます。

参考価格　1,740円　[三国ワイン]

新にんじんと水菜のサラダ

新にんじんの甘さと滋味を味わう
保存もきくおしゃれなサラダ

にんじんも「新」がついたとたんに、柔らかさや甘味が増しますね。このサラダは、我が家の大定番メニュー。にんじんだけのときもあれば、春菊やクレソン合わせたり、くるみや干しぶどうを加えたり。春には新にんじんを使い、フレッシュな甘さを楽しみます。クセのない水菜で彩りと食感をプラス。1～2日は冷蔵庫で保存が可能なので、たくさん作って常備菜にするのもおすすめです。

Recipe

材料 2人分

にんじん…1本
水菜…1束
オリーブオイル…大さじ2
ホワイトバルサミコ酢…大さじ1
白だし…大さじ1
黒こしょう…適宜

1 にんじんは皮をむき、細いせん切りにするか、スライサーで粗めに削る。
2 水菜は2～3㎝長さのざく切りにする。
3 ボウルに**1**と**2**を入れ、オリーブオイル、ホワイトバルサミコ酢、白だしを入れ、黒こしょうを振ってざっと和える。
メモ ホワイトバルサミコ酢がない場合は、酢大さじ1とはちみつ小さじ1を加える。

My Best Select Wine

アロモ
●「ヴィオニエ」

熟したアプリコットの果実味に青りんごやライムの香りが漂うチリの白ワイン。後味にはミネラルのキレも。まろやかな果実味がお酢と喧嘩しないのでサラダにおすすめの1本。

参考価格　1,200円（税別）［徳岡］

牛肉と新ごぼうのしぐれ煮バルサミコ風味

新ごぼうのさわやかな味わいを
バルサミコ酢で仕上げるワインにも合うしぐれ煮

一般的なごぼうに比べ、柔らかく風味も豊かな新ごぼう。大きく育つ前に早穫りするので、若々しくさわやかさがあるのです。アクも少なく繊維もかたくないので、さっと火を通すだけでおいしくいただけます。

そんな新ごぼうで、和食の定番「しぐれ煮」を作りましょう。沢樹流のしぐれ煮は、バルサミコ酢を使います。コクがありながら塩分控えめ、軽やかな味わいでワインにも合う一品が完成します。実山椒と木の芽の清涼感がポイントです。

Point 1
新ごぼうはアクが少ないので水にさらす必要はない。

Point 2
バルサミコ酢を使うと、通常のしぐれ煮よりも塩分が少なくてすみ、ワインとの相性も抜群に。

Point 3
実山椒の水煮がない場合は佃煮でもOK。その場合はだししょうゆの量を半分にする。

Recipe

材料 2〜3人分
新ごぼう…1本
牛切り落とし肉…100g
牛脂…1個
バルサミコ酢…大さじ3
だししょうゆ…大さじ2
はちみつ…小さじ1
実山椒の水煮…小さじ1
木の芽…5〜6枚

1 ごぼうはたわしで表面を軽くこすり、粗めの笹がきにする。
2 フライパンに牛脂を熱し、脂分が溶け出したら牛肉を入れてさっとほぐす。
3 牛肉の色が変わり始めたらごぼうを入れて炒める。
4 バルサミコ酢、だししょうゆ、はちみつ、実山椒を加え、汁気を飛ばすように炒める。器に盛り、木の芽を添えてできあがり。

My Best Select Wine

クズマーノ
●「ベヌアーラ」
イタリアの土着品種、ネロ・ターヴォラに国際品種のシラーをブレンドし、力強さと滑らかさが絶妙なバランスで共存。バルサミコ酢とだししょうゆにフィットします。
参考価格　2,400円（税別）
［フードライナー］

豚肉のソテー らっきょうドレッシング

自家製らっきょう漬けを極上のドレッシングに

春が終わると、保存食作りの季節です。梅干しを漬けたり、実山椒の佃煮や、ジャムを作ったり……。季節の実りをギュッと閉じこめた保存食は、食卓を豊かにしてくれる名脇役。

わたしがこの時期、必ず手作りするのが「らっきょう漬け」です。畑でとれた土つきのらっきょうで1年分のらっきょう漬けを作るのが、年中行事になりました。

らっきょうは、基本の甘酢漬けはもちろん、塩漬けにしたり赤ワインに漬けたりとバリエーションを楽しみます。そのまま食べるだけでなく、刻んでひき肉に混ぜたり、ポテトサラダに加えれば、料理の素材としても重宝。らっきょう漬けのとっておきの活用法をご紹介しましょう。

Recipe

材料 2人分

豚肉生姜焼き用（厚め）…6枚
小麦粉…適量
ドレッシング
らっきょうの甘酢漬け…20個
らっきょうの漬け汁…大さじ1
レモン汁…1個分
オリーブオイル…大さじ1
塩、黒こしょう…各適宜
穂しそ（あれば）…4本

1 豚肉は肉が縮まないように、脂と赤身の間の筋を包丁の先で切っておく。強めに塩、こしょうをし、小麦粉をまぶす。

2 ドレッシングを作る。らっきょうの甘酢漬けをみじん切りにし、漬け汁、レモン汁、オリーブオイルを合わせて混ぜる。

3 フライパンにオリーブオイルをひき、豚肉を入れる。始めは強火、焼き色がついたら裏返し、中火で中まで柔らかく火を入れる。焼き始めにヘラでしっかりと押さえると、肉がくっつかずきれいに仕上がる。

4 器に豚肉を盛り、ドレッシングをたっぷり添える。あれば彩りに穂しそを散らしてできあがり。

Recipe

らっきょうの甘酢漬け

材料 作りやすい分量

らっきょう…1kg
らっきょう酢…500g
鷹の爪…3本

1 らっきょうはていねいに洗い、頭とお尻の部分をカットして薄皮をむき、煮沸消毒した保存瓶に入れる。らっきょう酢と鷹の爪を鍋に入れて火にかけ、くつくつと沸いたら火からおろし、瓶に注ぎ入れる。粗熱がとれたら蓋をして冷暗所へ。1か月ほどおくと食べ頃に。

Point 1

らっきょうの甘酢漬けはそのままはもちろん、料理の素材として応用可能。冷蔵庫に常備すると便利。

Point 2

基本の甘酢漬けはもちろん、塩漬けにしたり赤ワインに漬けたりと、バリエーションを楽しんで。

Point 3

豚肉は焼き始めにヘラでしっかりと押さえると肉がくっつかずに、きれいに仕上がる。

My Best Select Wine

ユニオン・ヴィニコラ・デル・エステ
●「ベソ・レゼルヴァ・ブリュット・ナチュレ」

スペインのスパークリング・ワイン「カヴァ」。爽やかなレモンの香りとキレのある酸味、きめ細かな泡が心地よく、たっぷり添えたらっきょうドレッシングの酸味と一体に。

参考価格　1,450円（税別）
［アサヒビール］

アジフライ
特製タルタルソース

みんなが大好き定番料理
揚げたてのアツアツをいただきましょう

揚げ物が苦手、面倒くさい、そんな方も多いですよね。実はわたしも数年前までは、ほとんど揚げ物をしませんでした。ある日無性にアジフライが食べたくなって、思い切って作ってみたらそのおいしさにびっくり。揚げたての香ばしい香り、サクサクの衣、ジューシーなアジの旨味、それらが三位一体となって口の中に広がって……。サラダ感覚の食べ応えのあるタルタルソースも添えました。

Recipe

材料 2人分

アジ（フライ用に開いたもの）…4尾
溶き卵…1個分
塩、黒こしょう…各適宜
小麦粉、パン粉、揚げ油…各適宜
ルッコラ…適宜
レモン…1/2個
タルタルソース
卵…2個
玉ねぎ…1/2個
らっきょう…10個
マヨネーズ…大さじ2
パセリ…1枝
塩、黒こしょう…各適宜

1 タルタルソースを作る。かた茹でにした卵をボウルに入れ、木べらで粗めにつぶす。玉ねぎはみじん切りにし、水にさらして揉んだあと、ペーパーで水気を絞り、みじん切りにしたらっきょう、パセリとともに卵に加え、マヨネーズ、塩、黒こしょうを加えてざっくりと混ぜる。

2 アジの表面をペーパーでしっかり押さえて水気を取り、両面に強めに塩、こしょうをする。小麦粉をまぶして余分な粉をはたいてから溶き卵にくぐらせ、パン粉を押さえるようにしっかりとつける。

3 180℃に熱した揚げ油に身を下にして入れる。両面がきつね色になるまで揚げる。

4 アジフライを器に盛り、タルタルソースとルッコラ、レモンを添える。

My Best Select Wine

シャンドン
●「シャンドン・ブリュット・N.V.」

「モエ・エ・シャンドン」がオーストラリアで作るスパークリング・ワイン。溌剌としたきめ細かな泡とピュアな果実味がアジフライと絶妙なハーモニーを奏でます。

参考価格　2,800円　[MHD モエ ヘネシー ディアジオ]

タイとアサリのアクアパッツァ

下味をつけるだけで、
あとはせいろがおいしく調理

イタリア料理の定番、アクアパッツァ。白身魚や貝類をトマトと水で煮込んだシンプルな料理ですが、「アクア」はイタリア語で水、「パッツァ」は暴れる、という意味で、お鍋の中で魚をグツグツと煮る様子からその名がついたのだとか。そんなアクアパッツアを、せいろで作ります。器を入れて蒸せば、調理も簡単。蒸気で一気に蒸し上げるので、素材の甘みや旨味がぐんと引き出されます。

Recipe

材料 2人分

タイ（季節の白身魚なら何でも）…大1尾
アサリ…1パック
プチトマト（赤、黄）…各5個
玉ねぎ…1個
にんにく…2かけ
白ワイン…100cc
水…100cc
白だし…小さじ1
タイム、オレガノ…各適宜
オリーブオイル、塩、黒こしょう…各適宜

1 アサリはバットに広げ、海水ほどの濃さの塩水につけて砂出しをする。タイは切り身ならそのまま、頭付きは皮目に切れ目を入れ、強めに塩、こしょうをする。

2 耐熱皿に薄切りにした玉ねぎを広げ、タイ、アサリ、へたを取ったプチトマト、潰したにんにくを並べる。白ワインと水を注ぎ、白だしを加える。

3 オリーブオイルを全体に回しかけ、タイムとオレガノを散らす。皿をせいろに入れる（底が平らなお皿なら下に割り箸を敷けば、蒸気の回りがアップ）。蓋をして強火で10分蒸してできあがり。

My Best Select Wine

ヌエボス・ピノス
●「ペルラ・マリス」

スペインの白ワイン。魚を型抜きしたラベルがキュート。さわやかな酸味とハーブの香りにしゃりっとしたミネラルの印象は、まさに魚料理の絶好のパートナー。

参考商品

豚肉とアサリのアレンテージョ風

豚肉とアサリのおいしさにびっくりの
沢樹流ポルトガル家庭料理

白ワインとの相性が抜群で、あっけないほど簡単にできて、ホームパーティーでも大人気の一品です。豚肉とアサリは意外な組み合わせかもしれませんが、実は好相性なのです。

アレンテージョはポルトガルの中南部に位置する地方の名前。豚肉とアサリの白ワイン炒めは、アレンテージョの郷土料理だそうです。

沢樹流のアレンジは、豚肉とアサリを白ワインで蒸し煮にするときに、白だしとはちみつを加えるところ。白ワインと塩だけでは、日本人には少々酸味が強く感じられますが、酸味が抑えられ、コクがグッと増します。豚肉とアサリは、豆板醤を足して中華風に仕上げてもおいしい。応用がきく素材の組み合わせです。

Point 1

白だしとはちみつを加えることで、白ワインの酸味が抑えられ、コクもアップ。

Point 2

ローズマリーを加えて蒸し煮にし、香りをプラス。アサリが開いたら味をみて塩、こしょうで仕上げ。

Recipe

材料 2人分

- 豚もも薄切り肉…300g
- アサリ…1パック
- にんにく…1かけ
- 玉ねぎ…½個
- 鷹の爪…1本
- ローズマリー…1~2本
- 白ワイン…½カップ
- 白だし…大さじ1
- はちみつ…少々
- 塩、黒こしょう、オリーブオイル…各適宜

1 豚肉は食べやすい大きさに切る。アサリは海水程度の濃度の塩水で砂出しをする。にんにくは潰し、玉ねぎは薄切りにする。

2 フライパンにオリーブオイルをひき、弱火でにんにくを炒め、香りが立ってきたら玉ねぎを加えて強火で炒める。

3 玉ねぎが透き通ってきたら鷹の爪と豚肉を入れ、色が変わるまで炒め、さらにアサリを加えて炒め合わせる。

4 白ワイン、白だし、はちみつを回しかけたらローズマリーを加え、蓋をして中火で蒸し煮にする。

5 アサリの口が開いたら、味見をして必要ならば塩を足し、黒こしょうを振ってできあがり。

My Best Select Wine

エスポラン

「エスポラン ペ ブランコ」

ポルトガル南東部アレンテージョ地方のワイン。伝統的なブドウ品種で作られたミネラル豊かなワインで魚介類との相性が抜群です。アサリの旨味とも見事にマッチ。

参考価格 1,140円
[三国ワイン]

Column 2

おうちワインの選び方

わたしの料理にはワインが欠かせません。

初めに料理があって、後からワインを合わせることもあれば、飲みたいワインからレシピを考えることもあります。

どちらのパターンであっても、ピタッと相性が合った時の喜びはひとしお。料理がますますおいしくなり、ワインがどんどん進んでしまう。

料理とワインを合わせることを「マリアージュ」と呼びますが、よいパートナーを得ると、単独の時より力を発揮する。

料理とワインの関係は、まさしく結婚のようなものです。

さて、そんな料理とワインのマリアージュ。

レストランならソムリエが選んでくれますが、おうちではどうしたらよいでしょう? 沢樹流の、とっておきの方法をお教えしましょう。

料理とワインを色で合わせる

素材や調理法にこだわらず、料理の「色」とワインの「色」を合わせてみる。例えばクリームソースのような白系の料理なら、魚・肉にこだわらず白ワインを。スープ仕立てなら、白でも透明感のあるタイプ。

デミグラスソースや赤みそ仕立ての深い色調の料理には濃い色調の赤ワイン。フレッシュなトマトソースなら、明るいトーンの赤ワインを合わせてみる……などなど。ざっくりと、感覚的に。

大雑把なようですが、この色合わせ法、成功率が高いのです。

家庭料理の万能選手「ロゼ」

意外や意外、おうちで大活躍するのがロゼワインです。

白ワインのようなさわやかな酸味を持ちつつ、赤ワインのような飲み応えがある。軽すぎず、重すぎず、程よいボディ。白と赤、双方のよさをあわせ持つので、おのずと合う料理のストライクゾーンが広いのです。

おかずを何種類も作った時も、ロゼ1本でOK。そんな幅広さが、家庭料理の万能選手たるゆえんです。

さらにロゼには「素材を引き立てる」という魅力があります。

最近、ヨーロッパで注目されているのは、野菜とロゼのマリアージュ。生だったり、蒸したりグリルしたりと、手をかけないシンプルな調理で野菜を食べる際、パートナーとしてロゼを選ぶのです。

まさに、素材から生まれる沢樹レシピにぴったりなのがロゼ。是非おうちワインのレギュラーとして常備されてはいかがでしょう?

わたしのロゼワインセレクション。白ワインと赤ワイン、両用のよさをあわせ持ち、さまざまな料理に合わせやすいロゼは、家庭料理の万能選手。家に常備しておきたいワインです。

素材や調理法にこだわらず、料理の「色」とワインの「色」のトーンを合わせるのは、料理とワインのマリアージュを考えるうえで、もっとも簡単で間違いのない方法です。

Summer 1

ヴィヴィッドに生きよう。

トマトに代表されるような夏野菜のヴィヴィッドな色彩。これは「ファイトケミカル」と呼ばれる強い抗酸化力がある成分で、強い日差しや害虫に負けないために植物が自ら作り出す物質です。わたしたちも夏野菜をたくさん食べれば、体の酸化、錆びつきを防ぐことができ、厳しい暑さや紫外線から身を守ることができる。「ヴィヴィッド＝元気」に過ごすための盛夏のレシピです。

こだわりピクルス

フレッシュな食感が決め手
秘伝のレシピを大公開！

我が家のお客さまに大好評のピクルス。実はちょっとしたこだわりがあります。ツーンとした酸味がなくマイルドなこと。野菜が適度なパリパリ感を保っていること。これはなかなかに難しく、野菜を漬けているあいだに水分が出てピクルス液が薄まって味がボケたり、野菜がくたくたになったり……。野菜を下茹ですることでそれを防ぎ、パリッと仕上げるレシピです。

Recipe

材料 1瓶分

小玉ねぎ…10個
カリフラワー…小1個
きゅうり…3本
パプリカ（黄、赤、オレンジ）…各1個

ピクルス液

白ワイン…2カップ
りんご酢…2カップ
水…2カップ
白だし…大さじ4
はちみつ…大さじ4
粒こしょう（白、黒）…各適宜
ローリエ…3枚
オリーブオイル…適宜

1 小玉ねぎは皮をむいて下茹でする。残りの野菜は適当な大きさに切る。
2 ピクルス液の材料を鍋に入れ、火にかける。クツクツと沸いてきたら、かたい野菜から順番に1種類ずつ茹で、ボウルか保存容器に移す。カリフラワーは約1分、ほかの野菜は30秒程度茹でる。
3 鍋のピクルス液を、野菜を移した容器に注ぐ。オリーブオイルを回しかける。
4 粗熱が取れたら容器に蓋やラップをし、冷蔵庫で一晩寝かせてできあがり。保存期間は冷蔵庫で2週間程度。

My Best Select Wine

アルファ・ロワール
「クレマン・ド・ロワール・ベル・ド・ニュイ」

フランス・ロワール地方の自然派ワイナリーが作るスパークリングワイン。フレッシュな果実味とキレのあるミネラルはピクルスと相性が抜群。

参考価格　2,000円（税別）［カーヴドリラックス］

ラタトゥイユ

夏野菜をたくさん召し上がれ
アツアツでも冷やしてもおいしい

慌ただしい日々の中で、心にちょっとした余裕をくれるもの。それは野菜をたっぷり使った常備菜。冷蔵庫にあるだけで、毎日のごはん作りがぐっと楽になります。中でも我が家の夏の定番が「ラタトゥイユ」。南仏ニースの郷土料理として知られる、いわば夏野菜のごった煮は、カラフルでおしゃれで栄養豊富、肉や魚のつけ合わせやパスタ、サンドイッチの具にしたりと、大重宝します。

Recipe

材料 4人分

ピーマン…4個
パプリカ（赤、黄）…各1個
なす…3本
ズッキーニ…2本
玉ねぎ…1個
にんにく…2かけ
トマト水煮（缶詰）…1缶
顆粒ブイヨン…10g
はちみつ…大さじ1
白だし（塩気が足りなければ）…大さじ1
オリーブオイル、塩、黒こしょう…各適宜

1 ピーマンとパプリカは種を除き、なすとともに一口大の乱切りに。ズッキーニは1・5㎝幅、玉ねぎは薄切りにする。

2 フライパンにオリーブオイルをひき、潰したにんにくを炒め、玉ねぎを炒める。しんなりしたら厚手の煮込み鍋に移す。

3 フライパンにオリーブオイルを足し、なす、ピーマン、パプリカ、ズッキーニの順で、1種類ずつ炒めては鍋へ移す。

4 鍋を火にかけ、トマトの水煮を加え、顆粒ブイヨンとはちみつを加える。蓋をして弱火で15～20分程度煮る。味をみて塩気が足りなければ白だしを加え、ひと煮立ちさせて火を止める。そのまま30分程度おき、余熱で味を染み込ませる。

My Best Select Wine

KWV
●「カセドラル・セラー・ソーヴィニヨン・ブラン」

最近注目されている南アフリカのワイン。みずみずしい柑橘系の果実味と、さわやかなミネラルの風味が夏野菜のおいしさを引き立てます。

希望小売価格　2,200円（税別）　［国分］

トマトの肉詰め 枝豆ソース

バルサミコ酢でコクと複雑味をプラス
彩りと栄養価抜群のおもてなし料理

「トマトが赤くなると医者が青くなる」。これはヨーロッパのことわざですが、トマトが健康によい食材だということは広く知れ渡っていたのですね。その秘密は「リコピン」という成分。トマトの赤い色素のこと。緑黄色野菜に含まれるベータカロチンの仲間で、抗酸化作用はベータカロチンの2倍。体内の活性酸素をやっつけて老化や生活習慣病を予防するだけでなく、美白作用も期待できます。夏こそトマトをせっせと食べて、涼しい顔で暑さを乗り切りたいものです。

「トマトのファルシ」と呼ばれるフランスの定番料理。オーブンで焼くのが一般的な料理ですが、夏向きにさっぱりとせいろ蒸しにします。

Recipe

材料 2人分

トマト（小）…4個
枝豆…1枝
にんにく…1かけ
合いびき肉…150g
顆粒ブイヨン…5g
バルサミコ酢…小さじ1
はちみつ…小さじ1
片栗粉…小さじ1
肉だね用調味料
バルサミコ酢…大さじ1
パン粉…小さじ1
ナツメグ…少々
塩、黒こしょう…各ひとつまみ

1 トマトはヘタのついた部分から1cm程度下のところを水平に切り落とし、中身をスプーンでくり抜く。くり抜いた部分を下にしてバットなどに並べ水気をきる。中身はソース用に取っておく。

2 枝豆はさっと塩茹でして、さやから出す。にんにくはみじん切りにする。

3 合いびき肉をボウルに入れ、にんにく、肉だね用調味料を加えて混ぜ合わせる。

4 **3**を4等分し、くり抜いたトマトの中にスプーンで詰める。トマトが1個ずつ収まる大きさの耐熱容器に入れ、せいろに並べて蓋をする。

5 中華鍋にたっぷりの湯を沸かし、蒸気が上ったら**4**をのせ、強火で5分ほど蒸す。

6 そのあいだにソースを作る。取り出したトマトの中身をザルで漉し、鍋に入れる。トマトの倍量の水と顆粒ブイヨン、バルサミコ酢、はちみつを加え、枝豆を加えて火にかける。ひと煮立ちしたら火を止め、同量の水で溶いた片栗粉を加えてとろみをつける。

7 皿に蒸しあがったトマトの肉詰めを盛り、ソースをかけてできあがり。

Point 1
トマトは種の部分をスプーンでくり抜く。くり抜いた中身はソースに有効利用。

Point 2
トマトがちょうど収まる小さい容器に入れてからせいろに並べると安定する。

Point 3
肉詰めを蒸しているあいだにソースを作る。夏野菜の枝豆で彩りを。

My Best Select Wine

プラネタ
●「ロゼ」
シチリアで作られるロゼワイン。さわやかな酸味と果実の旨味が持ち味です。トマトの酸味と鮮やかにマッチし、コクのある肉のジューシーさも鮮やかに受け止めます。
参考価格　2,500円（税別）
［日欧商事］

トマトづくしの夏ごはん

女3代が受け継ぐみそ汁に
ごはんとおかずを添えたトマトの献立

我が家には祖母から受け継ぐユニークなトマト料理があります。それはトマトのみそ汁。最近ではトマトを使った和食は珍しくありませんが、このみそ汁は、母方の祖母が60年以上も前に考案したもの。登山好きだった母の家族は、みそ漬けにした豚肉とトマトを持って夏山に登り、お昼にトマトのみそ汁を作ったそう。確かにトマトと豚肉とみその組み合わせは疲労回復にぴったりです。

このみそ汁を母が受け継ぎ、そこにわたしのトマト料理を加えた夏の和膳。トマトにはアミノ酸の旨味成分「イノシン酸」がたっぷり。カツオや昆布とも相性抜群なので、和の味つけにさわやかな酸味を加えるイメージで、ぜひ活用してください。

Recipe

【トマトの肉じゃが】

材料 4人分

じゃがいも（中）…4個
玉ねぎ…1個
牛切り落とし肉…150g
トマト…2個
だし汁…1カップ
酒…大さじ2
みりん…大さじ2
だししょうゆ…大さじ2

1 じゃがいもは皮をむいて乱切りにする。だし汁とともに鍋に入れて火にかけ、中火で5分程度煮る。

2 せん切りした玉ねぎを加え、牛肉を広げるようにのせ、くし切りにしたトマト、酒、みりんを加えてひと煮立ちさせる。

3 だししょうゆを加えて10分ほど煮込み、火を止める。しばらくおいて味が染み込んだらできあがり。

Point 1

トマトごはんは、研いだ米にミディトマトをそのまま入れて炊くだけ。

Point 2

煮る前にトマトを加えるだけで、いつもの肉じゃがが華やかでおしゃれに変身。

Point 3

みそ汁の具の豚肉はコクのあるバラ肉を使用。上にみそを塗ってしばらくおき味を移すとコクが出て、味わいが増す。

Recipe

【トマトごはん】

材料 4人分

米…2合
ミディトマト…4個
昆布茶…大さじ1
だししょうゆ…小さじ1
オリーブオイル…大さじ1
塩、黒こしょう…各適宜

1 米はよく研ぎ、15〜20分吸水させてザルにあげて水気をきる。炊飯鍋に分量の水、トマト、昆布茶、だししょうゆ、オリーブオイルを加え普通に炊く。

2 炊けたら塩と黒こしょうを振り、トマトを潰しながら全体にふんわりと混ぜる。

Recipe

【トマトのみそ汁】

材料 4人分

トマト（少し青いもの）…1個
玉ねぎ…½個
豚バラ薄切り肉…4枚
みそ…大さじ4
だし汁…4カップ

1 トマトはくし切り、玉ねぎは薄切り、豚肉は3等分に切る。豚肉の上にみそをヘラなどで塗り、しばらくおいて味を移す。

2 鍋にだし汁を沸かし、玉ねぎと豚肉をみそごと加える。肉に火が通ったらトマトを加え、ひと煮立ちしたらできあがり。

My Best Select Wine

旭洋酒

●「ソレイユ・ロゼ」

山梨県でブドウ栽培から醸造までていねいに手がけられた「ソレイユ」。ピノ・ノワールから造られるさわやかで旨味のあるロゼは、トマトの酸味やだしの味に馴染みます。

希望小売価格　1,700円（税別）
［旭洋酒］

夏のピザ

家族や仲間とワイワイと
お好みで楽しめるのが自家製ピザの醍醐味

帰省シーズンの夏は、家族や仲間が集まって食卓を囲む機会も増えますね。懐かしい顔が揃って、おしゃべりするのは本当に楽しい時間です。

久し振りに集まる仲間のために、ピザを焼きましょう。家でピザを焼く楽しさは、自分の好みであれこれ作れること。ここでは、トマトの水煮をコトコト煮詰めるだけの自家製トマトソースをベースに、白エビの塩辛をアンチョビ感覚で使った富山風、焼いたあとにフレッシュな生野菜をたっぷりのせたヘルシーなサラダ仕立てのピザ、ブルーベリーと青カビチーズの大人っぽいデザート感覚のピザ、の3種類をご紹介します。お店やデリバリーのものにはない楽しさやおいしさが発見できます。

Recipe

【富山風】

材料 1枚分

ピザ生地（市販品・直径20㎝）…1枚
基本のトマトソース…適宜
白エビの塩辛…大さじ2
プチトマト…10個
ケッパー…大さじ1
ブラックオリーブ（種抜き）…10個

パルメジャーノ（粉）…大さじ3
オリーブオイル…適宜

1 ピザ生地にトマトソースを塗り、白エビの塩辛、横半分に切ったプチトマトとブラックオリーブ、ケッパーをのせ、パルメジャーノを振り、オリーブオイルを回しかける。
2 オーブンかコンロのグリルでこんがりと焼く。

Basic

基本のトマトソース

材料 約3枚分

にんにく…1かけ
オリーブオイル…適量
トマト水煮（缶詰）…1缶
塩、黒こしょう…適宜

1 小鍋にすべての材料を入れて中火にかける。木べらでトマトを潰しながら半量程度になるまで煮詰める。

Point 1

富山の名産品、白エビの塩辛をアンチョビ代わりに使用。アンチョビより塩分控えめなのでたっぷりとのせる。

Point 2

大人っぽいイメージのブルーベリーとゴルゴンゾーラチーズのピザはデザート感覚で楽しめる。

Recipe

【サラダ仕立て】

材料 1枚分

ピザ生地（市販品・直径20㎝）…1枚
基本のトマトソース…適宜
生ハム…5枚
ルッコラ…10本
プチトマト…10個

パルメジャーノ（粉）…大さじ3
オリーブオイル…適宜

1 ピザ生地にトマトソースを塗り、オーブンかコンロのグリルでこんがりと焼く。
2 焼きあがった生地に生ハム、二つに切ったプチトマト、ルッコラをのせ、パルメジャーノを振り、オリーブオイルを回しかける。

Recipe

【デザート風】

材料 1枚分

ピザ生地（市販品・直径20㎝）…1枚
ブルーベリー（冷凍）…100g

ゴルゴンゾーラ…150g
グラニュー糖…大さじ2

1 ピザ生地にブルーベリーを敷き詰め、グラニュー糖を振り、キューブ状にカットしたゴルゴンゾーラをのせる。
2 オーブンかコンロのグリルでこんがりと焼く。

My Best Select Wine

「サングリア」

ワインに果物を漬けて仕込むフレーバードワインの一種。赤ワインで作るのが一般的ですが、さわやかな白ワインに、スライスしたオレンジ、リンゴ、シナモンスティックを加えて作ります。果実の甘みやスパイスの香りがプラスされ、ワインよりもライトな感覚。

夏野菜カレー2種

煮込み時間はたったの10分
同時進行で2種類があっというまに完成！

カレーは日本の家庭料理、おふくろの味といっても過言ではありません。それぞれの家庭ならではカレーがあり、お母さんの秘伝がある。ですから、もし誰かにカレーを作ってあげるなら、いわゆる「カレーライス」は避けた方が無難かもしれません。

そこでお薦めなのは、本場インドのカレーをアレンジしたオリジナル。ししとうとオクラで、個性が全く違う2種類のカレーを作ります。サワークリームがポイントの「鶏肉とししとうのカレー」は、さわやかな酸味とマイルドな味わいの中にビターな刺激がアクセント。オクラはひき肉といっしょにいただく「キーマカレー風」に。クミンやガラムマサラを加えればぐっと本格的な味になりますよ。

Recipe

【鶏肉とししとうのカレー サワークリーム風味】

材料 2人分

鶏もも肉…250g
フェンネルシード…ひとつまみ
ししとう…20個
カレー粉…大さじ2
水…½カップ
白ワイン…½カップ
顆粒ブイヨン…5g
はちみつ…大さじ1
サワークリーム…100g
小麦粉、オリーブオイル、塩、黒こしょう、…各適宜

1 鶏もも肉は一口大に切り分け、塩、こしょうをし、フェンネルシードを振って小麦粉をまぶす。

2 フライパンにオリーブオイルを熱し、鶏肉を皮目から焼き、途中でひっくり返して両面をきつね色に焼く。

3 余分な油をペーパーで拭き取り、ししとうを加えざっと炒め合わせ、カレー粉を振り入れ、全体に混ぜて行き渡らせる。

4 水と白ワイン、顆粒ブイヨン、はちみつを加えてひと混ぜする。クツクツと沸いてきたら蓋をし、中火で5分程度煮込む。

5 サワークリームを加え、混ぜながら溶かしてひと煮立ちさせ、塩、黒こしょうで味を調える。

Recipe

【キーマ風オクラカレー】

材料 2人分

オクラ…10本
にんにく…1かけ
玉ねぎ…½個
合いびき肉…200g
トマト水煮（缶詰）…1缶
クミンシード…小さじ1
カレー粉…大さじ2
ガラムマサラ…小さじ½
だししょうゆ…大さじ1
サラダ油、塩、黒こしょう…各適宜

1 オクラは塩を振って板ずりし、産毛をとる。水洗いし、2㎜幅の輪切りにする。

2 フライパンに油をひき、みじん切りにしたにんにくと玉ねぎを炒める。透明になったら合いびき肉を加え、色が変わるまでよく炒める。塩、こしょうをする。

3 トマトの水煮とオクラを加え、クミンシードを振り、ざっと炒め合わせたら中火で3分程度煮る。カレー粉とガラムマサラを加え、だししょうゆで味を調えたら、軽く煮詰めてできあがり。

Point 1

ししとうのカレーにはカレー粉のみ使用。振りかけたら焦がさないように気をつけて炒める。

Point 2

オクラのカレーには、本格インドスパイスをプラス。写真のクミンシードはインド料理の香りの要。

My Best Select Wine

ポール・ジャブレ・エネ
「コート・デュ・ローヌ パラレル45 ブラン」

ジャスミンや白桃にバニラの甘い香りが混じり合い、後味にはほんのりとほろ苦さ。まったりとした中にキレを感じる大人っぽい味わいが、スパイシーなカレーを受け止めます。

参考価格 1,740円（税別）
［三国ワイン］

鶏肉と夏野菜のグリル ハーブマリネ

夏野菜の代表格をグリルでお手軽調理
ハーブの香りの鶏肉とともに

蒸し暑い夏には、煮炊きが少しおっくうに感じますよね。そんなときは、コンロについている魚焼きグリルを使って賢く調理しましょう。グリルは、実はとても便利な調理器具。わたしは厚切り肉のローストに、ピザやグラタン、ラザニアはもちろん、ときにはトーストだって焼いてしまいます。でも一番簡単なのは野菜の網焼き。一緒にお肉もグリルすれば、立派なディナーが完成です。

Recipe

材料 2人分

鶏もも肉…2枚
にんにく…2かけ
タイム、ローズマリー…各3枝
ズッキーニ（緑、黄）…各2本
なす…2本
甘唐辛子（細長いもの）…4本
レモン…1個
塩、黒こしょう、オリーブオイル…各適宜

マリネ液
りんご酢…100cc
はちみつ…小さじ2
白だし…大さじ2
タイム、オレガノ…各適宜
オリーブオイル、塩、こしょう…各適宜

1 鶏もも肉は皮目をフォークで刺してバットに入れ、塩、こしょうをし、潰して刻んだにんにく、粗く切ったハーブを散らし、オリーブオイルをかけてラップをし、しばらくおいて香りを移す。

2 ズッキーニとなすはヘタを落として縦半分に切り、甘唐辛子は楊枝で数カ所刺して破裂しないように穴をあける。以上を魚焼きグリルに並べ、10分ほど焼く。

3 野菜をバットに取り出し、混ぜ合わせたマリネ液をかける。鶏もも肉も皮目を上にしてグリルで10分程度焼く。焼きあがったら野菜とともに器に盛り、カットしたレモンを添える。

My Best Select Wine

ドメーヌ・アラン・ブリュモン
●「ガスコーニュ ブラン」

フランス南西地方の人気の造り手が生み出す白ワイン。いきいきとした柑橘系の果実味にキレのあるミネラルやトロピカルフルーツの厚みが、ハーブ風味の鶏肉や夏野菜とぴったり。

参考価格　1,640円（税別）　[三国ワイン]

夏野菜とひき肉のオーブン焼き

**カラフル野菜に肉とチーズをプラス
ボリューム満点の夏のメインディッシュ**

カラフルな野菜の色素は「ポリフェノール」という抗酸化成分。色によってその働きが違うので、いろいろな色をまんべんなく食べるのが理想なのだとか。そこで赤、黄、オレンジ、緑、紫の野菜を一度に食べるレシピを考えました。あいだに挟んだのは、フェンネルが香る特製ミートソース。ケチャップとウスターソースを1：1で味つけするのが沢樹流。コクと旨味が野菜の味を引き立てます。

Recipe

材料 2人分

かぼちゃ…1/4個
トマト（大）…1個
ズッキーニ…1本
なす…2本
にんにく…1かけ
合いびき肉…300g
ケチャップ…大さじ2
ウスターソース…大さじ2
フェンネルシード…ひとつまみ
ピザ用チーズ…適宜
パン粉…大さじ2
オリーブオイル、塩、黒こしょう…各適量

1 かぼちゃは1cm幅程度のくし切りにする。フライパンに重ならないように並べ、少量の水を加えて蓋をし、中火で5分程度蒸す。そのほかの野菜は5mm幅程度の薄切りにする。

2 フライパンにオリーブオイルをひき、みじん切りにしたにんにくを炒め、香りが立ったらひき肉を入れて炒める。色が変わったら塩、黒こしょう、ケチャップとウスターソース、フェンネルシードを加え、しっかり炒め合わせる。

3 グラタン皿に、野菜と**2**をバランスよく隙間がないように重ねて並べる。色合いも考えて。全体に塩、こしょうをし、チーズをのせてパン粉を振る。予熱をしておいた200℃のオーブンで10分程度焼いてできあがり。

My Best Select Wine

セラー・エスペルト
●「サウロー」

スパイスの香りやベリー系の果実味と軽い酸味は、ウスターソースやケチャップで味つけしたミートソース、グリル野菜の香ばしさともぴったり。少し冷やして飲むのがおすすめです。

参考価格　2,000円（税別）　［ワイナリー和泉屋］

Column 3

沢樹舞の調味料使い

素材の魅力を引き出す 沢樹舞の5大調味料

前著『新家庭料理 沢樹舞のおいしい時間』でもご紹介しましたが、わたしの料理には、次の5つの調味料が欠かせません。

- **オリーブオイル**
- **白だし**
- **だししょうゆ**
- **はちみつ**
- **ワイン**

それぞれの特徴をまとめてみると……

オリーブオイル

我が家では油といえばオリーブオイル。ヴァージン（一番搾り）は生食用、通常のオリーブオイルは加熱用などと言われますが、エキストラ・ヴァージンを炒め物からドレッシングまでどんどん使って消費します。

白だし

白しょうゆにかつお節と昆布のだしやみりんを加えたもので、淡い色でありながら少量でビシッと味が決まります。和風に転ぶことなく料理に旨味と塩分を足せるので洋風の料理に重宝します。

だししょうゆ

白だしに並んで大活躍するのがだししょうゆ。しょうゆ独特のニオイやクセがなく、だしとのバランスがよいので、和洋中を問わず幅広く使えます。生野菜との相性もよく、素材の味を引き立てます。

はちみつ

甘みを加えるとき、砂糖やみりんが一般的ですが、わたしが使うのははちみつ。特に料理に酢やワインを使う際に、はちみつを加えることで酸味がマイルドになり、味わいに深みが生まれます。

ワイン

飲み残しのワインは絶好の調味料。洋食で活躍するのはもちろんのこと、和食で日本酒の代わりに使うことで、酸味や渋みが加わり複雑でモダンな味わいに。アイスキューブに入れて冷凍すれば長期保存もでき、使いたい分だけ取り出せて便利です。

オリーブオイル、白だし、だししょうゆ、はちみつ、ワインが沢樹流の家庭料理に欠かせない5大調味料。これをベースに、にんにくや生姜などの薬味やスパイス、ハーブなどをプラス。味の決め手となる調味料使いをマスターすれば、料理のレパートリーがぐんと広がります。

さらにおすすめの調味料

バルサミコ・ビアンコ

白ブドウから造られるバルサミコ酢。甘酸っぱさとコクが魅力で、サラダや和え物には欠かせない存在です。これとオリーブオイルと塩だけで絶品サラダに。ごはんに混ぜれば洋風ちらし寿司になります。

寿司酢

米酢にだしと砂糖が入った寿司酢は、旨味と甘味がバランスよくブレンドされているので、わたしは水で薄めてマリネ液に活用しています。オリーブオイルとの相性もよく、白ワインにもよく合います。

五味一体寿油（金田油店）

綿実、コーン、米、ゴマ、オリーブの5種類の油がブレンドされた香りと旨味の油。和洋中とオールマイティーに使えるうえ、生野菜や蒸し野菜、焼き魚や茹で豚などにさっとかけるだけで、味わいがワンランク上がります。

レモンは香りの調味料

近頃、ちまたではレモンを調味料として使うことに注目が集まっています。特にレモンに塩をまぶして作る「レモン塩」はちょっとしたブームに。

わたしもレモンを料理に使うのが大好きで、いろいろな活用法を考えています。

一番簡単なのは、肉や魚にレモンのスライスをのせてマリネすること。さわやかな香りとフレッシュな酸味が素材に移り、風味がぐんと増すのです。

大切なポイントは、切る前に皮を竹串で刺すこと。

レモンの魅力は、なんといっても香りにあります。しかもその香りは皮の中に含まれています。竹串で刺して香りのカプセルを破くことで、さわやかさが何倍にも膨らんでおいしさも倍増します。

調味料を上手に使うことが、料理上手への近道だと、わたしは思います。

例えば、だししょうゆや白だしなど、それだけで味が決まる調味料は、どんどん活用すればいい。イチからすべて自力で……なんて気負う必要なんてない。

ぜひ皆さまもお気に入りの調味料を見つけてください。ぐんと料理のレパートリーが広がりますよ。

Recipe

沢樹流 簡単レモン塩

材料

レモン4個、レモンの重量の10%の粗塩

1 レモンはよく洗いしっかり水気を切る。
2 ヘタとお尻の部分を切り落とし、2cm幅にスライスする。
3 レモンと塩を煮沸消毒した保存瓶に交互に詰める。
4 冷暗所に保存し、2～3日に1度、上下を逆にする。レモンから水気が出てきたら使用可能。

沢樹舞の畑だより

夏
SUMMER

夏の畑は暑い。
畑の気温はたびたび35度を超え、15分も作業をすると意識が朦朧とします。
それでも欠かすことなく畑にでかけます。
カラカラに乾いて悲鳴を上げている野菜たちのために、
ときには平日も畑に向かうのです。
夏の畑では、水やり、草むしり、収穫。この3つがおもな仕事。
この時期は止めどもなく生えてくる雑草との闘いですが、
草むしりというのは不思議なもので、やり始めるとつい没頭してしまうのです。
じーっと地面を見つめていると、そのうちに頭が真っ白になる。
いかん、いかん、水分補給をしなくちゃ。
木陰に向かう足取りが、フラつきます。
木陰から畑を眺めると、やたらと日差しが眩しく見えます。
その光を受け、色とりどりの野菜たちが、キラキラと光り輝いている。

赤、紫、緑、オレンジ。ツヤツヤの夏の色。
梅雨明けのズッキーニに始まり、なす、トマト、
ピーマン、ししとう、ゴーヤ、おくら、いんげん……。
7月から8月、収穫の主役は次々と変わっていきます。
それぞれの作物が一番輝いて、おいしいのはほんの10日ほど。
でも、その間を、見事なまでに生き切っていく。
畑にあふれる色は、生きる証しなんだと思います。

収穫は日が傾いてから。
カゴとハサミを持って畑の中に入っていくと、瞬く間にかごの中は色であふれ、
そんなカゴが目の前に幾つも幾つも並んでいく。
収穫が終わり、日が暮れるまでずっと、畑に水を撒きます。
じっくり、じっくり、時間をかけて。
夕陽に向かって水を放つと、美しい虹が架かりました。

夏の野菜は、謳うように踊るように、育ち、実り、熟し、朽ちていく。
その美しさ、おいしさは、鮮烈です。
その色は、燃えさかる命の色です。
今年もあの色に会うために、畑に通うことでしょう。

Summer 2

温度＋湿度＋スパイス。

残暑の時期は、からだも少し疲れ気味。そんなからだに元気をくれるのが、スパイスの刺激です。スパイスとは薬味や香辛料のこと。こしょうはその代表格ですし、にんにくや生姜もスパイスの一種。温度と湿度、ともに年々高くなる日本の夏には、アジア料理に使うエスニックスパイスも、欠かせない存在になってきました。作りやすくて元気になる沢樹流スパイス料理です。

本格四川の麻婆なす

塩もみなすのみずみずしい食感と
ピリ辛ソースは病みつきになるおいしさ

実は麻婆豆腐にはちょっとしたこだわりがあって、数種のスパイスを駆使して本格的な四川の味を目指しています。その麻婆のレシピを応用して、麻婆なすにもひと工夫！

通常の麻婆なすは、なすを炒めます。なすは油を吸うので、炒めるときに大量の油を使います。ここでご紹介するのは、炒めずに生のまましんなりさせる方法。薄く斜めに切ったあとに濃いめの塩水に漬け、しばらくしたら、ギュッと絞って水気をきります。要はなすを塩もみにするのです。ここに花椒や豆板醤、唐辛子などの香辛料をたっぷり使ったソースをかけて。ビビッとスパイシーでありながらサラダ感覚で食べられる、まったく新しい麻婆なすです。

Recipe

材料 2人分

なす…3〜4本
サラダ用玉ねぎ…½個
サラダ油…大さじ1
しょうが（みじん切り）…大さじ1
にんにく（みじん切り）…大さじ1
豆鼓（みじん切り）…小1さじ
鷹の爪（輪切り）…小さじ1
豆板醤…小さじ1
花椒…小さじ½
合いびき肉…150g
オイスターソース…大さじ1
紹興酒…大さじ1
はちみつ…小さじ1
塩、黒こしょう、だししょうゆ、ごま油…各適宜

1 なすはヘタを取って縦半分に切り、斜め1cm幅に切る。海水程度の濃度の塩水に15分ほど漬ける。
2 玉ねぎは薄切りにし、5分ほど水にさらす。ザルにあげて水気をきる。
3 フライパンに油をひき、しょうが、にんにく、豆鼓、鷹の爪、豆板醤、花椒を並べてから中火にかけ、炒める。
4 香りが立ってきたら、ひき肉を入れ、色が変わったらオイスターソースと紹興酒を加え炒め合わせ、隠し味にはちみつを加えて火を止める。
5 なすの水気をギュッと絞り、玉ねぎとともにボウルに入れる。**4**の麻婆ソースを熱いうちに加えてよく和え、だししょうゆ、黒こしょうで味を調え、仕上げにごま油を垂らしてできあがり。

Point 1

なすは油で炒めず、塩水に漬けてギュッと水気を絞り、しんなりさせる。これがみずみずしい味わいの秘密。

Point 2

花椒や豆板醤、唐辛子などの香辛料をたっぷり使用し、辛さの中にコクとさわやかさがあるソースに。

Point 3

アツアツの麻婆ソースをなすに加えて混ぜる。
ソースの油分がナスに絡み、程よくしんなりする。

My Best Select Wine

ボデガス・アバニコ
●「マニウム・クリアンサ」
凝縮感のある果実味に複雑でスパイシーなアロマ。清涼感のあるとてもエレガントなワインです。ピリリと辛いソースを美味しく包み込む優雅なコンビネーション。

参考商品

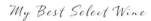

エビの四川香味炒め

スパイスの達人になる
複雑で刺激的な香りの本格四川風

中国料理の中でも特にスパイスを使うのが四川料理。たくさんの香辛料を幾重にも重ねて香り高く仕上げるのが四川の真骨頂です。スパイス使いを覚えるにはぴったりの料理。まずトライして欲しいのは「花椒」です。ピリリと痺れるような辛さと涼やかな香りを持ち、ほんの少し加えただけでも効果絶大。ここにクミンとコリアンダーを合わせた3つのスパイスで本格四川炒めを作ります。

Recipe

材料 2人分

エビ…4尾
下味
にんにく（みじん切り）…大さじ1
しょうが（みじん切り）…大さじ1
豆鼓（みじん切り）…1/2
鷹の爪（輪切り）…大さじ1

花椒…小さじ1
コリアンダーシード…ひとつまみ
クミンシード…ひとつまみ
塩、黒こしょう…各ひとつまみ
ごま油…大さじ2
しょうゆ…大さじ1
香菜…1枝
サラダ油、塩…適宜

1 エビは食べやすいように、キッチンばさみで背中に切り込みを入れ竹串で背ワタを引き出す。

2 ビニール袋にエビを入れ、下味の材料を全部入れて軽くもみ、冷蔵庫で1〜2時間寝かせる。

3 中華鍋にたっぷりの油をひき、**2**を下味ごと入れて中火にかける。焦がさないように火加減に注意し、じっくり焼く。

4 エビが赤くなってきたら、鍋肌からしょうゆを注いでジャッと言わせてから全体に絡めて火を止める。器に盛って香菜を添え、軽く塩を振る。

My Best Select Wine

テラザス
●「シングル・ヴィンヤード・マルベック」

アルゼンチンを代表するブドウ品種マルベック。甘く官能的な果実味ときめ細かなタンニンが、スパイスでピリリと痺れる舌を包み込み、優しくリセットしてくれます。

参考価格6,100円（税別）　［MHD モエ ヘネシー ディアジオ］

手羽先のから揚げ

作ってみたら案外にラクチン
家飲みに欠かせない人気メニュー

外食には料理のヒントがたくさん。この味ってどうやってできるんだろう、調味料は何を使っているのかな……。あれこれ想像していると料理のイメージが広がり、新たなレシピが生まれたりします。パリパリの皮とジューシーな肉に、甘塩っぱいたれが絡んだ鶏手羽先のから揚げ。居酒屋の人気メニューを家で作りたいとチャレンジしたら案外に簡単。家族や仲間に大人気の一品となりました。

Recipe

材料 2本分

鶏手羽先…8本
長ねぎ…1本
たれ
　だししょうゆ
　　…100cc
　にんにく（すりおろし）
　　…大さじ2
　はちみつ…大さじ2
　鷹の爪（輪切り）
　　…小さじ1
レモン…1個
揚げ油…適宜

1 鶏手羽先は身側の骨と骨の間に縦に切り目を入れ、ペーパーでしっかりと水気を拭く。長ねぎは細いせん切りにして白髪ねぎを作る。

2 揚げ油を160℃程度に熱し、手羽先を入れる。8分前後、しっかりときつね色になるまで揚げる。

3 肉を揚げているあいだに、たれの材料をボウルに合わせる。

4 手羽先を一度油から引き上げ、油の温度を200℃程度まで上げてから、再度揚げてカラッと仕上げる。肉の油をきり、揚げたてをたれのボウルに入れて和える。器に盛り、白髪ねぎをのせ、レモンを添える。

My Best Select Wine

コマンド・G
●「ラ・ブルーハ・アベリア」

スペインのガルナッチャ100％の赤ワイン。涼やかな酸を持ち、軽やかで味わい深くエレガント。少し冷やして飲むのがおすすめです。甘塩っぱいから揚げとバッチリのバランスです。

参考価格　5,000円（税別）［ワイナリー和泉屋］

豚バラとゴーヤときゅうりの炒め物

暑さに負けない南国レシピ
沖縄版タバスコで刺激をプラス

ゴーヤを初めて口にしたときは強烈な苦さに戸惑いました。今ではその苦さが、夏には欠かせない味覚のように思えています。ゴーヤといえば沖縄料理。もっとも有名なチャンプルーを、沢樹流にきゅうりを炒め合わせて作ります。豚バラ肉の豊富なタンパク質とビタミンB群は疲労回復に、きゅうりは体にこもった熱や水分の代謝をうながします。栄養満点、夏にうってつけの一皿です。

Recipe

材料 2人分

豚バラ肉（焼き肉用）…200g
ゴーヤ…½本
きゅうり…1本
赤ピーマン…1個
生姜…1かけ
焼酎…大さじ2
だししょうゆ…大さじ½
コーレークース…大さじ1
サラダ油、塩、黒こしょう…各適宜

1 豚バラ肉の両面にしっかりと塩、こしょうをし、10分程度おいて馴染ませる。

2 ゴーヤは縦半分に切ってワタを除き、端から5㎜幅程度に切る。塩を振って軽くもみ、水洗いをして水気をきる。きゅうりは乱切り、赤ピーマンは細切りに。

3 フライパンに薄く油をひき、**1**を入れ、両面をしっかり焼いて焼き色をつける。途中で余分な脂をペーパーで拭き取り、みじん切りのしょうがを加えて炒める。

4 肉に火が通ったらゴーヤ、きゅうり、赤ピーマンを加え、焼酎を加えてざっと炒める。仕上げにコーレークースとだししょうゆを回しかけ、味を調える。

メモ コーレークースは島唐辛子を泡盛につけ込んだ沖縄版のタバスコ。

My Best Select Wine

トーレス
●「グラン・サングレ・デ・トロ・シャルドネ」

スペインの名門が造る、熟した桃のアロマとバニラのフレーバーが魅力的な厚みのある白ワイン。スパイシーな味つけや豚バラ肉のボリュームにも負けない味わいです。

参考価格　2,200円（税別）［エノテカ］

イカと夏野菜のワタ煮

イカの旨味がたっぷり
野菜はビタミンカラーを揃えて栄養価アップ

暑さで食欲が落ちるときこそ、しっかり食べなくてはいけません。夏バテの防止におすすめなのが、イカ。

イカは低脂肪、低カロリーなうえに高タンパク。しかも疲労回復に効果のあるアミノ酸の一種タウリンや、亜鉛やビタミンB群がたっぷりと含まれています。そんなイカを、カラフルな夏野菜と一緒にいただきましょう。旨味の詰まった新鮮なイカのワタは最高の調味料です。

Recipe

材料 2人分

スルメイカ…2はい
ズッキーニ…1本
パプリカ（黄）…½個
いんげん…5本
ミディトマト…3個
にんにく…1かけ
鷹の爪…1本
白ワイン…大さじ2
白だし…大さじ1
はちみつ…大さじ½
オリーブオイル、黒こしょう…各適宜

1 イカは足と一緒にワタを引き抜き、胴からはずす。ワタの袋を破らないように注意。軟骨を引き抜き、水洗いする。胴は2㎝幅の輪切りにする。足は適当に切り分ける。ワタはしごいて袋から容器に取り出す。

2 ズッキーニは1・5㎝幅程度の輪切りにし、パプリカは乱切り、いんげんは2～3等分、ミディトマトは二つに切る。

3 フライパンにオリーブオイルをひき、ズッキーニの両面を焼き色がつくまで焼く。みじん切りのにんにくを加え、鷹の爪を加えて炒め合わせる。

4 いんげん、パプリカを加え、切り分けたイカとミディトマトを加えて炒める。イカのワタ、白ワイン、白だし、はちみつも加えて炒め、ひと煮立ちしたら軽く黒こしょうを振る。

My Best Select Wine

セニョリエ・デ・アストビサ・オケンド・チャコリーナ
「ゴラビエ・チャコリ」

美食で有名なバスク地方で造られる微発泡白ワイン、チャコリは、魚介類と合わせるのがお約束。イカの旨味や夏野菜のみずみずしさと抜群の相性で、夏バテも吹き飛ぶマリアージュ。

参考商品

ガパオ

バジルの香り豊かな人気のタイごはん
野菜をたっぷり加えてヘルシーに

エスニック料理の中でも、特に人気なのがタイの料理です。パクチーやナンプラーの個性的な香り、スパイシーでさわやかな味わいにはまっている方も多いのでは。「ガパオ」はそんなタイ料理の代表格。ガパオとはホーリーバジルのことで、これと肉を合わせたスパイシーな炒め物をごはんにのせた料理です。ここでは手に入りやすいスイートバジルで代用し、夏野菜をたっぷり合わせます。

Recipe

材料 2人分

鶏もも肉…200g
バジル…3枝
青唐辛子…2本
ピーマン(緑、赤)…各1個
玉ねぎ…1/2個
にんにく…1かけ
ナンプラー…大さじ1/2
オイスターソース…大さじ1
だししょうゆ…少々
卵…2個
ごはん…茶碗2杯分
サラダ油、塩、黒こしょう…各適宜

1 鶏肉は粗く刻み、塩、こしょうする。バジルは飾り用に少し取り分け、残りは葉を1枚ずつ手で枝からはずす。青唐辛子は輪切り、ピーマンは細切り、玉ねぎは薄切り、にんにくはみじん切りにする。

2 フライパンに油をひき、にんにく、青唐辛子、鶏肉を合わせて炒める。玉ねぎを加え、しんなりしてきたらピーマンを加えてさらに炒める。

3 ナンプラー、オイスターソースを加え、だししょうゆ、塩、こしょうで味を調え、バジルを加えて混ぜ、火を止める。

4 別のフライパンに油を多めにひき、揚げ焼きのような目玉焼きを作る。器にごはん、**3**、目玉焼きを盛り、バジルを飾る。

My Best Select Wine

サイアム・ワイナリー
●「モンスーンバレー・ホワイト」

タイでもワインが作られているってご存知でしたか。どことなくエキゾチックな香りがあり、甘酸っぱいソースやナンプラーの風味にしっくりと馴染みます。

参考価格　1,300円(税別)　[池光エンタープライズ]

仔羊のタジン

本場モロッコの味を気軽に
蒸し調理でヘルシー＆旨味たっぷり

スパイシーでエキゾチックな味わいのモロッコ料理「タジン」。とんがり帽子に似た蓋が特徴のモロッコの土鍋「タジン鍋」を使って作ります。素材から出る蒸気を効率よく対流させることができるため、肉や野菜に旨味がたっぷり染み込み、あっというまにごちそう料理ができるのも嬉しいところ。ここでは仔羊と野菜にドライフルーツ、シナモン、パプリカを合わせ、本場の味に近づけました。

Recipe

材料 2～3人分

- ラムチョップ…5本
- じゃがいも…2個
- 玉ねぎ…1個
- ドライプルーン…10個
- シナモンパウダー…ひとつまみ
- パプリカパウダー…ひとつまみ
- 顆粒ブイヨン…小さじ1
- 白ワイン…100cc
- はちみつ…小さじ1
- オリーブオイル、塩、黒こしょう…各適宜

1 ラムチョップは強めに塩、こしょうをする。じゃがいもは洗って皮ごと1cm幅に切り、玉ねぎは薄切りにする。

2 タジン鍋にオリーブオイルをひいて熱し、肉の両面を色よく焼く。このとき、ヘラなどで肉を押さえつけると、くっつきや焦げつきを防げ、色よく仕上がる。

3 肉をいったん取り出し、玉ねぎを入れて中火でしんなりするまで炒める。

4 玉ねぎを平らに広げ、上にじゃがいもを並べる。肉とドライプルーンをのせ、シナモンパウダー、パプリカパウダー、顆粒ブイヨンを振る。

5 白ワインを注ぎ、はちみつを回しかけたら強火にしてアルコール分を飛ばし、蓋をして中火で8分程度蒸し煮にする。じゃがいもに火が通ったらできあがり。

メモ　タジン鍋がなくても、ぴっちりと蓋ができるフライパンやソテーパンがあれば同様に作ることができる。

My Best Select Wine

ボデガス・ムスティーギョ
●「メスティサへ」

スペインでもっとも有名なワインガイドブックで高評価のワイン。複雑で凝縮感のある味わいは、スパイシーで旨味たっぷりの肉料理と合わせるとゴージャスな雰囲気に。

参考価格　3,600円（税別）［ワイナリー和泉屋］

タンドリーチキン

スパイシーな香りがたまらない！
漬け込んで焼くだけの、おうちでできる本格派

あれは確か20代の初め頃のこと。本格的なインド料理に夢中になった時期がありました。今にして思えば、わたしにとってあれがいわゆる「エスニックデビュー」で、以来、アジアはもとよりヨーロッパやアメリカや世界のさまざまな料理に興味が広がっていきました。食を通して未知なる文化を知る。その喜びが、わたしの心を突き動かすのだと思います。

今ではインド料理が食べたくなると、自分であれこれ作ります。カレーはもちろんタンドリーチキンも、作るのは意外と簡単なんです。下味をつけて半日か一晩漬け込んで、あとはグリルで焼くだけ。骨つきの鶏もも肉で作る、ゴージャスなタンドリーチキンです。

Recipe

材料 2人分

鶏もも骨付き肉…2本
塩…小さじ1

下味
カイエンペッパー…小さじ2
しょうが（すりおろし）…大さじ½
にんにく（すりおろし）…大さじ½
ごま油…大さじ1
レモン汁…大さじ1

マリネ液
プレーンヨーグルト…100cc
カレー粉…大さじ1
シナモンパウダー…小さじ1
塩…小さじ1
はちみつ…小さじ1
黒こしょう…少々
レモン汁…大さじ1
ライム、香菜（あれば）…各適宜

1 鶏肉をバットに入れ、皮目をフォークで刺し、塩を振る。下味の材料を混ぜ合わせ、皮目に手でよくすり込む。そのまま15分ほどおく。

2 マリネ液の材料のうち、カレー粉はフライパンで軽くから炒りする。残りの材料とともにボールに合わせ、よく混ぜる。

3 **2**を鶏肉の上に流し、手でもむようにして馴染ませる。上からぴったりラップをかけ、半日から一晩冷蔵庫で寝かせる。

4 オーブンシートを敷いたダッチオーブンに**3**を入れ、グリルで20～30分（肉の大きさに合わせて）加熱し、余熱で20分おく。オーブンの場合は天板にオーブンシートを敷き、200℃で30分加熱する。

5 器に盛り、ライムや香菜を添える。

メモ 一口大にカットした鶏肉でもOK。子ども向きにはカイエンペッパーを抜き、マリネ液のはちみつの量を増やす。

Point 1
鶏肉はヨーグルトベースのマリネ液に漬ける。市販のカレー粉はフライパンで少しから炒りすると香りがぐっと豊かに。

Point 2
肉にはマリネ液を手でしっかりもみ込み、ラップをぴったりかけ、十分寝かせて味をしみ込ませる。

Point 3
焼きあがった状態。マリネ液は焦げつきやすいが、ダッチオーブンならその心配がなく肉にじっくりと火を入れられる。

My Best Select Wine

ワイナリーアーツ
●「リバース6」
テンプラニーニョとメルローが主体で、パンチがありつつ滑らかで飲みやすいスペインの赤ワイン。スパイシーな鶏肉料理をしっかりと受け止めます。
参考価格　3,000円（税別）
［ワイナリー和泉屋］

枝豆ととうもろこしのかき揚げ&ざるうどん

さっぱりと冷たい夏の定番料理
旬野菜のかき揚を添え、華やかに

気忙しい日々ですが、時間を見つけてはちょっとした小旅行にでかけます。いろいろな旅の楽しみ方があるなかで、わたしがとても好きなのは窯元巡り。焼き物の産地を訪ね、お気に入りの器の作家さんに会いに行くのです。

工房を見学したり、陶芸にチャレンジしたり。素晴らしい器に出会うと、料理がどんどんしたくなる。出会いの数だけ、新しいレシピ浮かんでくるから不思議です。

この「枝豆ととうもろこしのかき揚げ&ざるうどん」を、旅で出会った器たちに盛りつけましょう。かき揚げは難しそうなイメージがありますが、1個分ずつ衣をつけて揚げるようにすれば、実はとても簡単です。

Point 1

衣用の小麦粉と水は合わせる直前までよく冷やしておく。水を炭酸水にすれば、よりカラッと揚がる。

Point 2

かき揚げ1個分の具と衣を小さなボウルに入れて混ぜ、1個ずつそっと揚げ油の中に入れると、きれいに揚がる。

Point 3

揚げているときに離れてしまった具材は菜箸でくっつけるようにして形作れば、きれいに仕上がる。

Recipe

材料 2人分

細うどん（乾麺）…1束
枝豆…20個
とうもろこし…1本
玉ねぎ…½個
干しエビ…ひとつまみ

衣

小麦粉…⅔カップ
炭酸水…100cc

塩、黒こしょう、揚げ油…各適宜
めんつゆ…適宜
貝割れ菜、みょうが、生姜…各適宜

1 大鍋に湯を沸かし、細うどんを袋の表示時間通りに茹でる。ザルにあげて水洗いをし、氷水で締める。

2 枝豆は塩をまぶし、2分ほど茹でてザルにあげ、粗熱がとれたらさやから豆を出す。とうもろこしは鉛筆を削るようにして実をはずし、玉ねぎは薄切りにする。

3 バットに枝豆、とうもろこし、玉ねぎ、干しエビを入れ、小麦粉少々（分量外）を全体に振って軽く和え、かき揚げの具を用意する。

4 衣を作る。ボウルによく冷やしておいた小麦粉と炭酸水を合わせて混ぜる。

5 フライパンに深さ3cm程度の油を入れて170℃まで熱する。小さい器に1個分のかき揚げの具と衣を入れて混ぜ、揚げ油の中にそっと入れる。途中でひっくり返し、カラッとして色づくまで揚げる。

6 水気をきったうどんとかき揚げを器に盛り、めんつゆ、薬味の貝割れ菜、みょうが、生姜を添える。

My Best Select Wine

ジョセップ・マサックス
●「カヴァ・フーガ・クラシック・ブリュット」
スペインのスパークリング・ワイン、カヴァ。キレのある酸味が揚げ物にもよく合い、後味もスッキリさわやか。ざるうどんのつゆや薬味ともマッチします。

参考商品
［ワイナリー和泉屋］

茹で鶏で作るごちそうそうめん

夏に本領発揮の我が家の大定番
薬味をあれこれ揃えれば豪華に

我が家の大定番「茹で鶏」。これが冷蔵庫にあれば、おかずに困ることはありません。温め直してしょうゆをかけるだけでも十分においしいし、野菜と一緒に和えたり、パスタやうどんの具にしたり……。アレンジのバリエーションは無限大、まさに万能のおかずの素、なのです。

その茹で鶏が本領を発揮するのが夏です。わたしは大の麺好きで、夏はほぼ毎日そうめんを食べますが、そこで登場するのが茹で鶏。そうめんはさっぱりしていて食べやすいのですが、それだけでは栄養が偏ります。茹で鶏で良質なタンパク質を、薬味野菜でビタミン類を。この栄養バランスが、強い日差しや蒸し暑さに負けない体力を養ってくれるのです。

【茹で鶏】

Recipe

材料 作りやすい分量

鶏もも肉…1〜2枚
長ねぎ（青い部分）…1〜2本分
しょうが…1かけ

1 鍋に鶏肉と長ねぎ、半分に切って潰したしょうがを入れ、かぶるくらいの水を注いで火にかける。最初は強火、沸いてきたら中火から弱火にし、肉に火が通るまで15分程度茹でる。グラグラ煮立たせると肉がパサついてしまうので注意する。

2 火を止め、そのまま煮汁が冷めるまでおく。

3 粗熱が取れたら保存容器に煮汁ごと入れて冷蔵庫で保存する。保存期間は3日程度。

Point 1

茹でた鶏肉は鍋の中でそのまま冷ます。煮汁が冷めるあいだに旨味や水分が肉に戻り、ふっくらジューシー仕上げに。

Point 2

茹で汁ごと保存容器に入れて冷蔵庫へ。3日間はおいしくいただける。

【ごちそうそうめん】

Recipe

材料 2人分

薬味セット
　青じそ…10枚
　みょうが…3個
　貝割れ菜…1パック
　生姜…1かけ
そうめん…200g
めんつゆ…適宜
茹で鶏…適宜

1 薬味セットを作る。青じそとみょうがはせん切り、貝割れ菜はざく切りにし、3種類を合わせておく。生姜はすりおろす。

2 たっぷりの湯を沸かし、そうめんを袋の表示時間通りに茹でる。ザルにあげて水洗いをし、しっかりと水気をきる。

3 茹で鶏は細かく切る。そうめんを器に盛り、めんつゆ、茹で鶏、薬味セットを添える。

My Best Select Wine

甲斐ワイナリー

●「かざま甲州シュール・リー」

若き醸造家、風間さんが、日本古来のブドウ品種甲州で作る白ワイン。ほんのりとした甘みや、だしのような旨味を感じる味わいは、そうめんのつゆともよく馴染みます。

参考価格　1,905円（税別）
［甲斐ワイナリー］

Column

4

器と料理

「器好きは、料理好き」という言葉もあるくらい、料理と器は切っても切り離せない関係です。

料理をどの器に盛りつけようか……。あれこれ想いを巡らせる時間は楽しいものです。

器好きの母も影響もあり、中学生の頃からすでに器に興味を持っていました。料理を始めるようになり、器に対する情熱はさらに高まり、今では生活の一部となっています。

2014年の秋、陶芸家の方と、初の展覧会を開催しました。瀬戸赤津焼 喜多窯霞仙の加藤裕重さんの器に、わたしの料理を盛りつけるコラボレーション。わたしのアイディアが盛り込まれた土鍋も発表されました。

加藤さんとの出会いは、昨年の麻布十番での展示会にて。偶然ギャラリーの前を通り、ふと立ち寄ったのがすべての始まりでした。

ひと目で料理のイメージが広がり、その場で何点も購入し、さらには好みに合わせて特別にオーダーも引き受けてくださいました。以来、加藤さんの器はわたしの料理にはなくてはならない存在に。

わたしにとって器は料理の一部。どんな器に、どういう風に盛りつけるかで、料理の運命が決まると思っています。

器次第で、料理が笑ったり、気どったり、悲しくなったり。だから器を選び、盛りつける瞬間までが料理、なのです。

そして器も、料理が盛りつけられることで、物から生き物になるのだと思います。

そう思うと、もしかしたら、器も素材のひとつかも知れません。

「器は好い料理を望み、料理は佳い器を求める。」

これは加藤さんと二人展を開催した際、ご案内状に添えた言葉です。

器から料理のイメージが湧き起こるとすれば、器もまた、わたしに料理を教えてくれるのです。

愛知県瀬戸市の赤津焼喜多窯霞仙を訪ね、12代当主 加藤裕重さんとアイデアを交換しながら、ハット土鍋など新たな器が誕生しました。生まれて初めて陶芸体験も！

霞仙の器に盛りつけたわたしの料理。加藤さんのオリジナル「ハット鉢」をアレンジした「ハットパスタ皿」や「ハット土鍋」など。モダンなフォルムは、眺めているだけで料理のイメージが湧きます。赤津焼には織部を始め7つの釉薬があり、料理とカラーコーディネートするのも楽しい。

2014年秋に開催した加藤さんとの二人展。レセプション・パーティーでは、わたしがプロデュースした「乳皿」に料理を盛りつけておもてなし。

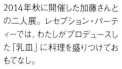

Autumn 1

収穫は、お祭りになりました。

秋も深まる10月は、実りの季節、収穫の時期です。日本人にとって収穫といえば、お米。故郷富山で米作りに参加するようになり「こだわって作り、炊いたごはんは、それだけで一品の料理」ということを知りました。豊穣に感謝して、楽しむごはん料理の数々。土鍋でのごはんの炊き方から、ちらし寿司や炊き込みごはん、白いごはんに合うおかずをご紹介します。

甲州

Point

炊飯用に開発された「かまどさん」。蓋が2重になった特殊な構造で、火にかけてわずか15分でおいしいごはんが炊けるスグレモノ。ごはんを入れたままでもよいので、おひつも不要。

長谷園
http://www.igamono.co.jp/

土鍋で炊く絶品ごはん＋青唐辛子みそ

**とっておきのピリ甘辛のお供を添えて
オードブル感覚で召し上がれ**

わたしが地元富山県で、農家の方と完全な有機栽培で作っている「沢樹米」（詳しくはP96）。手塩にかけて育てたお米を、土鍋でおいしく炊きあげる方法をご紹介します。

土鍋でごはんを炊くのは難しいイメージがあると思うのですが、蓋が2重になっている炊飯用の土鍋を使うととても簡単です。火にかける時間は13分程度、あとは余熱調理でふっくらツヤツヤ、お米の旨味が際立つ炊きあがりに！

青唐辛子とちりめんじゃこ、みそで作るピリッと甘辛い自家製の「ごはんの供」があれば、箸が進みます。

Recipe

材料 作りやすい分量

米…2合
水…360cc～400cc
（かためがお好きな方は水を少なめに）

青唐辛子みそ
青唐辛子…80g
ごま油…大さじ1
にんにく（すりおろし）…小さじ1
ちりめんじゃこ…1/4カップ
白ごま…大さじ1
みそ…200g
砂糖…大さじ3
みりん…50cc
青じそ、すだち…適宜

1 米は洗ってから30分程度水に浸し、ザルにあげて水気をきる。
2 蓋が2重構造になった土鍋に米を入れ、米と分量の水を加えて蓋をし、弱めの強火にかける。13～15分程度加熱し、蒸気が勢いよく上がり始めて3分程度たったら火を止め、そのまま20分程度蒸らす。
3 青唐辛子みそを作る。青唐辛子は小口切りにする。フライパンにごま油をひき、青唐辛子とにんにく、ちりめんじゃこ、白ごまを入れてさっと炒める。
4 弱火にしてみそと砂糖を加える。みりんを注ぎ、木べらでみそを馴染ませるように炒め合わせる。水分が飛び、全体が滑らかになったらできあがり。
5 炊きあがったごはんを器に一口ずつよそい、青唐辛子みそ、青じそ、カットしたすだちを添える。
メモ 通常の土鍋や厚手の鍋で炊く場合は強めの中火にかけ、沸騰したら弱火にし、15分程度で炊きあがったら火を止め、蓋をしたまま10分ほど蒸らす。

My Best Select Wine

シャトー・メルシャン
「山梨勝沼甲州」
シュール・リーという製法によって旨味と厚みのある辛口に仕上げた白ワイン。ごはんの甘味と甲州ブドウの旨味、青唐辛子みそがアクセントとなり、絶妙のマリアージュが完成。
参考小売価格　1,830円（税別）
［メルシャン］

中華おこわ風チキンライス

骨つき肉でゴージャスに
食卓でさばいて盛りつければ、興奮も最高潮！

子供たちは骨つき肉が大好き。鶏肉でも豚肉でも、骨つきの塊肉が食卓にのぼると「わーっ！」という歓声があがります。それはなにも子供に限ったことではなく、ホームパーティーで骨つき肉をどーんと出したときの友人たちの興奮度合いは、料理をしたこちらのほうが、思わず笑ってしまうほどでした。

そんな骨つきの鶏もも肉を使った、ゴージャスな中華おこわ風のチキンライスです。ごはんを炊くときに切り餅を入れると、おこわのようなモチモチした食感になります。厚手の鍋を使い、調味した米の上に色よく焼いた鶏肉をそのままのせて、あとは炊くだけ。ホームパーティーの主役になる一品です。

Recipe

材料 2～3人分

米…2カップ
干ししいたけ…2個
パプリカ（黄）…1個
鶏もも骨つき肉…1本
酒…大さじ1
オイスターソース…大さじ1
ごま油…少々
鶏ガラスープの素（顆粒）…大さじ1
切り餅…1個
五香粉…少々
塩、黒こしょう、サラダ油…各適宜

1 米は洗い、十分に吸水させる。干ししいたけは200ccの水で戻し、みじん切りにする。戻し汁はとっておく。パプリカはサイコロ状に切る。
2 鶏もも骨つき肉は骨に沿って切り込みを入れ、味が染み込みやすいように皮目を数カ所フォークで刺す。塩と黒こしょうをまんべんなくすり込む。
3 フライパンに油をひき、鶏肉を中火で焼く。両面にしっかり焼き色をつける。
4 ホーローや鉄製の厚手の鍋に、水気をきった米、しいたけ、パプリカを入れ、水としいたけの戻し汁を合わせて400ccにして注ぐ。酒、オイスターソース、ごま油、鶏ガラスープの素を入れて混ぜ、6等分に切った餅を上に並べる。五香粉を振り、その上に**3**の鶏肉をのせる。
5 予熱をした200℃のオーブンで20分、またはグリル+ダッチオーブンなら加熱20分、余熱10分で火を通す。
6 蓋を開け、鶏肉をナイフとフォークで切り分け、個々の器に盛る。

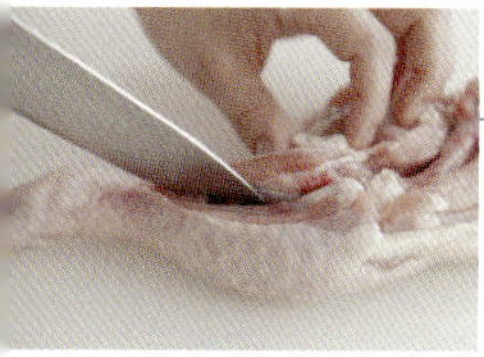

Point 1
鶏肉は味を染み込みやすくするため、骨に沿って切り込みを入れ、皮目に数カ所フォークを刺す。

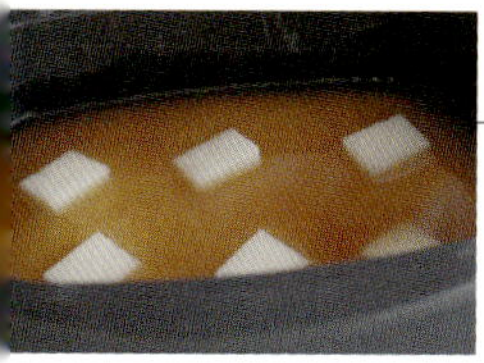

Point 2
切り餅を入れて炊くと、餅が溶けておこわのようなモチモチした食感のごはんに仕上がる。

Point 3
中国ミックススパイス、五香粉を加えることで味わいがぐっと本格派に。焼いた鶏を上にのせて炊きあげ、完成。

My Best Select Wine

セラー・エスペルト
●「コラリー」
スパイスをふんだんに使った中華にはロゼがぴったり。中華料理にロゼというのは今や鉄板ですが、甘酸っぱい果実味とスパイシーなアロマでその理由を実感できます。

参考商品
［ワイナリー和泉屋］

サーモンの洋風ちらし寿司

色合わせが決め手！
ロゼワインと味わう華やか洋風寿司

料理とワインを合わせるコツにはいろいろなセオリーがあるのですが、もっとも簡単なのは色合わせ。料理の色と、ワインの色を同じトーンにすれば、ほぼ間違いがありません。

例えば鶏肉でも、クリームシチューなら白ワイン、トマト煮やデミグラスソースで煮れば赤ワインが合います。この法則に従えば、サーモンと相性が良いのはロゼワイン。オレンジがかった明るいその色を「サーモンピンク」と呼ぶくらいなので、この組み合わせは鉄板中の鉄板です。

スモークサーモンの切り身を使ったちらし寿司も、ロゼを楽しむにはぴったり。ちょっぴりぜいたくなスパークリングワインを合わせれば、おもてなしの雰囲気が高まります。

Recipe

材料 4人分

スモークサーモン…7切れ
レモン…$\frac{1}{2}$個
アスパラガス…3本
米…2カップ
ホワイトバルサミコ酢…大さじ3
（白ワインビネガー＋はちみつでも可）
黒オリーブ（薄切り）…大さじ3
ケッパー…大さじ1
塩、黒こしょう、オリーブオイル…各適宜
レモン汁…適宜

1 スモークサーモンは一口大に切ってバットに並べ、塩、こしょうをする。薄いくし切りにしたレモンをのせ、オリーブオイルを回しかけてしばらくおき、マリネする。アスパラガスはかために塩茹でし、適当な長さに切る。

2 米は洗って吸水させてから、かために炊く。

3 炊きあがったごはんを飯台か大きめのボウルに移し、熱いうちにホワイトバルサミコ酢を回しかけ、軽く塩を振り、しゃもじで切るように手早く混ぜる。黒オリーブの薄切りとケッパーを加えて混ぜる。

4 器に寿司めしを盛り、サーモン、レモン、アスパラガスを彩りよくのせる。仕上げに軽くレモン汁を絞ってできあがり。

Point 1

スモークサーモンはレモンとオリーブオイルでマリネ。

Point 2

甘酸っぱいホワイトバルサミコ酢を、そのまま寿司酢の代わりに使用する。

Point 3

寿司めしには黒オリーブを混ぜてパンチを出し、ケッパーで酸味をプラス。ワインに寄り添う味に。

My Best Select Wine

シャンドン
●「シャンドン・ロゼ」
かの有名なシャンパンブランドがオーストラリアで作るスパークリングのロゼ。フレッシュな酸味は甘酸っぱく仕上げた寿司めしと相性抜群。
参考価格　3,200円（税別）
［MHD モエ ヘネシー ディアジオ］

サンマのお酢煮

煮魚初心者にもおすすめ
たっぷりの生姜とねぎが香る秋の味覚

子供の頃、母がよく煮魚を作ってくれましたが、自分ではなかなか上手にできない。そんなわたしが初めて「おいしくできた！」と自信を持ったのがこのサンマのお酢煮です。サンマは、魚のさばき方の中でももっとも簡単な筒切りに。お酢とめんつゆを使い、誰でも失敗がないように工夫したレシピなので、煮魚ビギナーにもおすすめ。お酢の効果で骨までホロリと柔らかく仕上がります。

Recipe

材料 2人分

サンマ…2尾
酢…$\frac{1}{2}$カップ
めんつゆ（2倍濃縮）…1カップ
水…$\frac{1}{4}$カップ
長ねぎ…1本
生姜…1かけ

1 サンマは頭と尾を落とし、3つの筒切りにする。流水にあてながら腹の中をきれいに洗い、ペーパーで水気を拭き取る。生臭さが残らないように、切り口に残った血合いは軽く押すようにしてしっかり取り除く。

2 鍋に酢、めんつゆ、水を入れて強火にかける。完全に沸騰したらサンマを静かに入れ、隙間にせん切りにした生姜を入れる。

3 小口切りにした長ねぎをサンマの表面を覆うようにたっぷりとのせ、落し蓋をし、弱火で10～15分煮る。

My Best Select Wine

甲斐ワイナリー
●「かざまロゼメルロー」

山梨で作られる優秀ロゼ。イチゴのフレッシュで可憐な香り、さわやかな酸とミネラルのキレが心地よく、煮汁のお酢やしょうゆの味わい、サンマの旨味にじんわりと馴染みます。

参考価格　1,713円（税別）［甲斐ワイナリー］

里芋とひき肉のグラタン

ねっとりした食感がたまらない!
里芋の魅力再発見の香ばしさ

里芋は、ここ数年で大好きになった野菜のひとつ。その理由は簡単で、畑で自分で作っているからです。初夏に種芋を植え、猛暑の中、汗だくになりながら水やりをして、秋の終わりから冬にかけて実りの季節を迎える。無事に育ち、収穫できた里芋には愛しさを感じます。里芋を、さてどんな風に料理しようかな。そう考えるうちに増えたレシピのひとつが、この香ばしいグラタンです。

Recipe

材料 2人分

里芋(小)…20個前後
にんにく…1かけ
合いびき肉…150g
しめじ…1パック
ケチャップ…大さじ2
ウスターソース
…大さじ2
ピザ用チーズ…200g
オリーブオイル、塩、黒こしょう
…各適宜

1 里芋はよく洗って皮をむき、ひと口大に切り、たっぷりの湯で竹串が通るまで下茹でする。ザルにあげて水気をきる。
2 フライパンにみじん切りにしたにんにくとオリーブオイルを合わせて火にかける。香りが立ったらひき肉を炒める。
3 肉の色が変わったら小房に分けたしめじを加え炒める。ケチャップとウスターソース、塩、黒こしょうを加え煮詰める。
4 グラタン皿に里芋を並べ、上に**3**をのせる。チーズを表面全体にのせる。
5 魚焼きグリルに入れて3分程度、チーズが溶けて表面がきつね色になるまで焼いてできあがり。

My Best Select Wine

マルケージ・デ・フレスコバルディ
●「レーモレ」

イタリアの名門が造るカジュアルな赤ワイン。ベリーの果実味とスパイシーな香り、長い余韻とともに誰にでも愛されるバランスのよさが魅力です。

参考価格　1,800円(税抜)　[日欧商事]

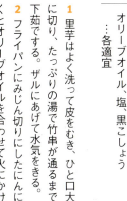

イカと里芋のワタ煮

ほっこり優しいおふくろの味
イカの旨味とコクを、ぎゅっと閉じこめて

寒い季節には、里芋のねっとりとした優しい食感が恋しくなります。里芋は、下煮をしてから水で洗ってぬめりをとるように教えられますが、わたしは、ぬめり自体が里芋のおいしさだと思うので、皮をむいたらそのまま使うようにしています。イカと里芋の煮物は、子供の頃から慣れ親しんだ母の味。イカがかたくならないよう、余熱を利用してふっくらと仕上げるのがコツです。

Recipe

材料 2人分

スルメイカ…1はい
里芋…5〜6個
だし汁…500cc
酒…大さじ3
みりん…大さじ3
しょうゆ…大さじ3
ゆずの皮（せん切り）…少々

1 里芋はよく洗って皮をむき、二つに切る。
2 だし汁を入れた鍋に里芋を入れ、酒を加えて中火にかける。沸騰したら弱火にし、里芋に火が通るまで煮る。
3 イカは足と内臓を胴からはずし、軟骨を引き抜く。胴は1cm幅の輪切りにする。足は2等分、ワタは袋から絞り出し、器に取り出す。
4 里芋にスッと竹串が入るようになったらイカとワタ、みりんとしょうゆを加える。蓋をして5分ほど煮、火を止め、そのまましばらくおいて味を染み込ませる。
5 器に盛り、ゆずの皮をあしらう。

My Best Select Wine

デリカート・ファミリー・ヴィンヤーズ
●「ウッドヘーヴン ジンファンデル」

ラズベリーやブラックベリーのチャーミングな果実味とスパイシーな香りが印象的。コクがあって柔らかな味わいは、しょうゆがベースの煮物にもぴったり。

参考価格　1,200円（税別）［モトックス］

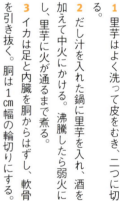

れんこんバーグ

れんこんのしゃりっとした歯触りを召し上がれ
食感もおいしさなんだと思います

古来よりれんこんは、おいしいうえに体によく、医者いらずの食べ物として親しまれてきました。ビタミンとミネラル、植物繊維が豊富、中でもビタミンCや鉄分の多さはピカイチ。でも、体によいという前に、やっぱりおいしいから好きなのです。

特にあの食感。しゃりっとサクサク、独特の歯ごたえが、おいしさなんだと思います。そんな食感をハンバーグにして味わうレシピです。

Recipe

材料 2〜3人分

れんこん…50g
牛ひき肉…350g
パン粉…大さじ2
ドライハーブ（タイム、オレガノ）…ひとつまみ
卵…1個
オリーブオイル、塩、黒こしょう…各適宜

ソース

バター…大さじ1
赤ワイン…大さじ2
ケチャップ…大さじ1
ウスターソース…大さじ1

1 れんこんは縦4等分に切ったあと厚手のビニール袋に入れ、麺棒などで叩いて粗く砕く。
2 ボウルに1と牛ひき肉、パン粉、ドライハーブ、オリーブオイル（大さじ1程度）を入れる。
3 卵を溶いて加え、軽く塩、こしょうして、ざっくりと混ぜ合わせたら、8等分にしてまとめる。
4 フライパンにオリーブオイルをひき、3を並べる。2分間強火で表面を焼きつけたら中火にして蓋をして3分、ひっくり返して4〜5分焼く。
5 焼いているあいだにソースを作る。材料を小鍋に入れ、焦がさないようヘラで混ぜながら1分ほど煮詰める。
6 ハンバーグを器に盛り、器に入れたソースを添える。

My Best Select Wine

マルケージ・デ・フレスコバルディ
●「パーテル」

凝縮感のあるベリー系の果実味の中にスパイスやバニラの香りも感じ、れんこんの歯ごたえとソースの旨味をまろやかに包んでくれます。

参考価格　2,300円（税別）［日欧商事］

イワシの一夜干しとじゃがいもとトマトのグリル

イワシの脂が染み込み絶品の味
フライパンごとテーブルに運びましょう

料理の腕が上がる近道。それは優秀な調理道具を使うこと。ここでは鉄製のフライパンのとっておきの使い方をご紹介します。フライパンはフッ素加工のものを使っている方が多いと思いますが、わたしは断然、鉄のフライパンが好き。材料を並べたら、そのままオーブンに入れて調理してテーブルに運ぶ……なんていう使い方もできてとても便利。ハーブが香る、香ばしいグリルです。

Recipe

材料 2人分

イワシ1夜干し…4～5尾
新じゃがいも…3個
ミディトマト…5個
塩、黒こしょう、オリーブオイル…各適宜
タイム…2枝

1 じゃがいもはよく洗い、皮つきのまま5㎜幅程度の薄切りにする。ミディトマトは半分に切る。

2 鉄製のフライパンにじゃがいもを敷き詰め、上にイワシを並べ、空いたスペースにミディトマトをのせる。

3 塩、こしょうをしてたっぷりとオリーブオイルをかけ、タイムをのせる。

4 フライパンごと200℃に予熱をしたオーブンに入れ、15～20分程度焼いてできあがり。

※鉄のフライパンが無ければグラタン皿で代用。

My Best Select Wine

カステッロ・ディ・フォンテルートリ
●「バディオラ」

イタリアはトスカーナの赤ワイン。フレッシュな酸味と滑らかなタンニンがとても心地よく、イワシのほろ苦いワタのコクやトマトの酸味とも絶妙にマッチします。

参考価格　2,240円（税別）［ファインズ］

さつまいもとオイルサーディンのグリル

あまーいさつまいもにマジックをかけて
赤ワインにぴったりの絶品おつまみに

さつまいもに栗にかぼちゃ。これらの野菜はわたしたち女性の大好物。でも、その甘くほっこりとした味わいが苦手、という男性も多いのでは?これは、そんな方も目からウロコの、さつまいもで作るワインのおつまみです。ソテーしたさつまいもにオイルサーディンの旨味をプラス、そして最大のポイントはローズマリー。ハーブの香りが、さつまいもをワインに寄りそう味に変身させます。

Recipe

材料 2人分

さつまいも(大)…1本
オイルサーディン…1/2缶
ローズマリー…3枝
オリーブオイル…適宜

1 さつまいもはよく洗って皮ごと1cm幅程度の輪切りにし、5分程度水にさらし、アクを抜く。

2 さつまいもの水気をペーパーで拭き取り、オリーブオイルをひいた鉄製のフライパンで両面を色よく焼きつけ、中まで火を通す。

3 さつまいもの上にオイルサーディンをのせ、ローズマリーをハサミでカットしてのせる。残っているオイルサーディンの缶のオイルを上から垂らす。

4 予熱をした200℃のオーブンにフライパンごと入れ、10分焼いてできあがり。

My Best Select Wine

ヌマンシア
●「ヌマンシア」

抜群の凝縮感と力強さ、長く続く余韻が印象的な赤ワイン。さつまいもの甘さにオイルサーディンの塩気、ローズマリーの香りがワインのリッチな味わいに見事にマッチします。

参考価格　6,000円(税別)　[MHD モエヘネシーディアジオ]

Point 1
鶏肉は最初に皮目を下にして揚げる。150℃の低温をキープしてじっくり火を通すのがコツ。

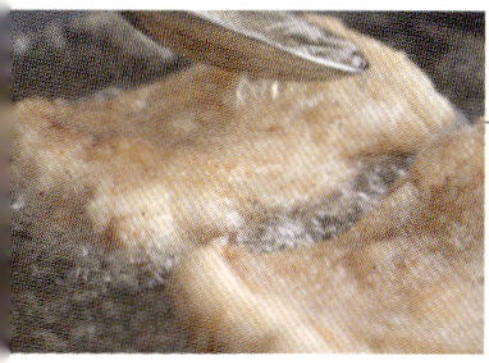

Point 2
13分程度揚げたらひっくり返し、ときどきお玉で油をかけながら揚げると皮目がパリッと仕上がる。

Point 3
香味だれはめんつゆを使えば簡単。ピリッとした辛みをきかせたいので、豆板醤はたっぷりめに。

油淋鶏～鶏肉のパリパリ揚げ～

揚げたてのおいしさをおうちで手軽に
パリパリの皮と香味だれが決め手

油淋鶏（ユーリンチー）は、中国料理の大定番。鶏もも肉をじっくり揚げて皮をパリパリに仕上げた人気のメニューです。

油淋鶏を家で作るなんて無理……なんて思いこんでいたあなたに、とっておきのレシピをご紹介しましょう。

鶏肉は包丁で切り込みを入れて平らにしたら、下味に中国料理のミックススパイス五香粉を加えます。ほんのひと振りするだけで、本格派の味わいに。油は低温をキープしてじっくりと肉を揚げ、最後に高温にして皮目をパリッと仕上げましょう。アツアツの皮目に、ねぎたっぷりの香味ソースを「ジャッ！」とかける。その瞬間がたまりません。

Recipe

材料 2人分

鶏もも肉…1枚
五香粉…少々
長ねぎ…1～2本
塩、黒こしょう、片栗粉、揚げ油…各適宜
香菜…適宜
香味だれ
めんつゆ（2倍濃縮）…60cc
にんにく（すりおろし）…小さじ1
しょうが（すりおろし）…小さじ1
豆板醤…大さじ½
鷹の爪（輪切り）…ひとつまみ
はちみつ…小さじ½

1 鶏もも肉は二つに切る。皮目を数か所フォークで刺したら裏返し、厚みのあるところに切り込みを入れて平らに広げ、厚さを均等にする。

2 全体に軽く塩、こしょうをし、五香粉を振って下味をつけ、片栗粉をしっかりとまぶす。長ねぎはみじん切りにする。

3 フライパンに鶏肉がちょうどひたる程度の油を入れ、鶏肉の皮目を下にして入れてから点火する。油の温度が150℃になったら、この温度をキープしながらゆっくりと揚げる。13分程度でひっくり返し、ときどきお玉で油をかけながら、さらに7分程度揚げる。

4 鶏肉を揚げているあいだに、香味だれの材料を混ぜ合わせておく。

5 鶏肉に火が通ったら再びひっくり返して皮目が下になるようにし、200℃の高温で2～3分揚げる。皮がパリッときつね色になったらザルにあげ、油をきる。

6 鶏肉を1・5㎝幅程度に切って器に盛り、みじん切りにした長ねぎと香味だれをかける。香菜をあしらう。

My Best Select Wine

クラウディー ベイ
●「ピノ・ノワール」
赤いベリーの凝縮した果実味にエレガントな酸味が心地よく、複雑でスパイシーな香りが魅力。ジューシーな鶏肉の旨味や、ねぎたっぷりの香味だれにも絶妙にマッチします。
参考価格　4,300円（税別）
［MHD モエ ヘネシー ディアジオ］

Column 5

沢樹米

2013年から、お米作りに挑戦しています。

わたしは7年前から神奈川県で畑を借りて野菜作りに取り組んでいますが、そうした中で、いつかはおいしい米を作ってみたいという想いを抱くようになりました。

ただし米作りは、野菜とは違い、そうそう簡単に実践できるものではありません。

米はなによりも水が大切。そして水を取り巻く環境がとても重要になります。

野菜作りよりもはるかに広いスケールで、自然や環境と関わる必要があるのです。

そこでわたしの故郷である富山県で、稲作農家さんの力を借り、本格的な米作りを始めました。

富山県小矢部市は畜産が盛んです。

若手農家のグループは畜産業からもたらされる豊富な堆肥で土作りをし、環境に配慮した「循環型農業」を実践しています。

お米作りに挑戦したいというわたしの願いを、そのグループの中心メンバーである宇川さんが引き受けてくれました。

目指したのは、おいしいお米を作ること。しかも、自然に優しく、地域の環境に根ざした農業をしたい。

毎月、小矢部の田んぼに通い、宇川さんを中心とする地元の農家さん達とさまざまな工夫を重ね、完全な有機栽培による米作りを実践しました。

こうして生まれたのが「沢樹米」です。

おいしいお米を作りたい。

そんな想いを抱きながら米作りに参加して2年が経ち、わたしの中に新たな考えが沸き上がってくるようになりました。

「おいしいごはんは一皿の料理である」

お米の消費量が減り続けている現代の食生活。ごはんを食べる量や回数が半世紀前より減っているわたしたちにとって、ごはんは「何膳もおかわりするもの」ではなくなっているはず。

であるならば、お米の質にこだわり、炊き方にこだわった一膳のごはんを、一品の「料理として」味わうというのはどうでしょうか。

盛りつけを工夫し、時にはワインと合わせることで、従来とは違うごはんの食べ方を提案したいと思っています。

沢樹米、3年目の田植えが間もなく始まります。

お米の質や炊き方にこだわった一膳のごはんを、一品の「料理として」味わう。沢樹米を通して、ごはんのそんな食べ方も提案していきたいと思っています。

上4点／5月の田植えから9月の稲刈りまで、月に1～2度、草刈りや追肥などを手伝いながら稲の生育を見守りました。面白いのは8月の「防除」。要は害虫対策ですが、沢樹米の田んぼでは殺虫剤などの農薬を使わないため、ブートジョロキアという世界一辛い唐辛子を主原料にした天然防虫エキスで害虫を追い払います。右／2014年10月末、六本木にある農業実験レストラン「六本木農園」で沢樹米の収穫祭を開催しました。宇川さん始め小矢部の農家仲間が自慢の作物を紹介しました。

沢樹米の問い合わせ先

宇川農産　TEL：0766-61-2532

沢樹 舞の
畑だより

秋
AUTUMN

9月に入ると、サンテミリオンは、町全体がざわざわしてきます。
ブドウの収穫までまだ間があるというのに、
緊張と高揚を隠せないのでしょう。
15年前の秋、わたしはサンテミリオンのワイナリーでブドウ摘みをしていました。
すべての畑の収穫が終わった瞬間、歓声とともにあふれ出した笑顔と、
振る舞われたワインの味が今も忘れられません。

富山の秋は、見渡す限りの黄金色です。
そんな黄金色の波の中をコンバインが分け入り、
刈り取った筋がみるみる面になる。
わたしは3年前から、富山で米作りに参加していますが、稲刈りを終えると、
お母さんたちがお盆いっぱいに並んだおにぎりで迎えてくれる。
地域の稲刈りが終わったあとは、農家仲間が集まって、
夜が更けるまで祝杯をあげる。

その年が、よいできであっても、そうでなくても、
田んぼでおにぎりを食べるときも、乾杯するときも、みんなの顔は笑っています。

横浜の畑では、四季折々に収穫物がありますが、やはり秋は特別な季節。
近所の農協では収穫祭が開催され、大勢の家族連れで賑わっています。
わたしたちの畑にも、友人やその子どもたちが遊びにきて、
BBQをするのが秋の恒例行事。
仲間の炭おこし名人が、畑作業のかたわらで、炭の火をおこしてくれています。
子どもたちと穫ったかぶや里芋を、その場で洗って、網にのせていく。
各自持参した肉やソーセージやサンマも、どんどん焼いていきましょう。
沢樹米の新米で作ったおにぎりも食べてくださいね。
畑のBBQは、わたしたちの収穫祭。
日が暮れるまで、畑にはずっと笑い声が響いています。

収穫の喜びとは、単に何かを穫った喜びではありません。
種を蒔き、苗を育て、日照りや暑さに耐え、
収穫の日を迎えた喜びと、その実りを、皆で分かち合う喜びです。
サンテミリオンでも、富山の田んぼでも、
わたしたちの畑でも、それを知ることができました。

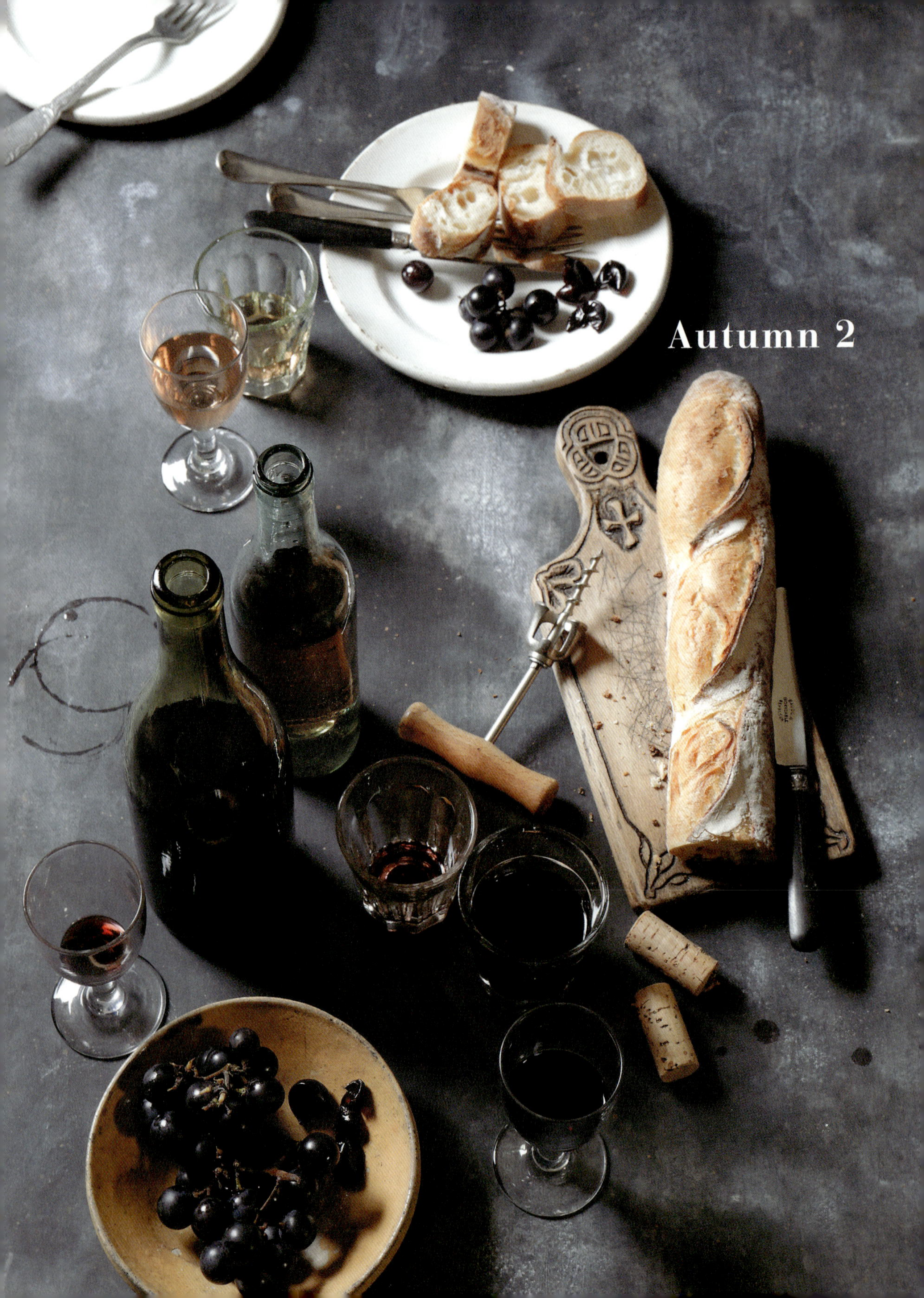

Autumn 2

あなたと分かち合う収穫祭。

11月はワインがおいしくなる季節。ボジョレーヌーボーの解禁がワインの季節の始まりを教えてくれます。日本の食卓でも、ワインを家庭料理に合わせることが一般的になってきました。ここではワインをよりおいしく、楽しむレシピをお伝えします。グラスを傾ければ、中にはブドウ畑の風景が広がります。今年の新酒の完成を祝い、実りへの感謝を仲間と分ちあうための料理です。

豚肉のリエット

フランスそうざいの定番を手軽にアレンジ
おうちがたちまちビストロに！

豚肉のリエットといえば、豚バラ肉やガチョウの肉を煮込んでペースト状にしたフランスの保存食です。これに薄切りのバケットを添えてワインを飲むのが、フランス人のお決まりのスタイル。本場のレシピでは豚バラの塊肉を鍋でコトコト煮ますが、薄切り肉を使って調理時間を大幅にカット。ベーコンでコクをプラスした、家で簡単に作れる沢樹流レシピをご紹介します。

Recipe

材料 2〜3人分

- 豚バラ薄切り肉…300g
- ベーコン…4枚
- 玉ねぎ…½個
- にんにく…2かけ
- 白こしょう（粒）…ひとつまみ
- カルダモン…3粒
- 生クリーム…大さじ3
- 塩、黒こしょう、オリーブオイル…各適宜
- バゲット…適宜
- イタリアンパセリ、ピンクペッパー…各適宜

1 豚バラ肉とベーコンは一口大に切り、玉ねぎは薄切り、にんにくは潰す。以上を白こしょう、カルダモンと一緒に厚手の鍋に入れ、材料がかぶる程度の水を注ぐ。

2 強火にかけ、肉に火が通るまで煮る。途中でアクをていねいにすくう。

3 **2**をザルにあげて水気をきり、鍋に戻す。生クリームを加え、塩、こしょうし、ハンドブレンダーかフードプレッサーで滑らかになるまで撹拌する。味をみて塩気が足りなければ塩、コクが足りなければオリーブオイルを加え、さらに撹拌して完成。

4 こんがり焼いたバゲットに塗り、イタリアンパセリとピンクペッパーをのせる。

My Best Select Wine

ヒメネス・ランディ
●「バホンテージョ」

どんなおつまみにもしっくりくるバランスのよい赤ワイン。凝縮感の中に涼やかな酸がありエレガント。大きめのグラスで飲むのがおすすめ。

参考価格　2,000円（税別）［ワイナリー和泉屋］

豚肉の
カマンベール巻き

主役はトローリとろけるチーズ
栄養＆彩り豊かなお手軽おかず

ごちそうは、なるべく簡単に、スピーディーに作る。コレに限ります。

わたしが実践しているのは、薄切り肉を上手に使うこと。火の通りやすい薄切り肉なら、調理時間も短かくてすみます。さらに、ひとつの料理で栄養バランスがとれるように食材も工夫しています。これはおかずにもおつまみにもなる一品。カマンベールチーズを豚肉でくるくると、トマトと青じそと一緒に巻きます。

Recipe

材料 2人分

カマンベール
…1個（100g）
トマト（中）…1個
豚ロース薄切り肉…12枚
青じそ…12枚
塩、黒こしょう、小麦粉、
オリーブオイル、
だししょうゆ…各適宜

1 カマンベールとトマトはそれぞれ12等分する。

2 豚肉の端に青じそをのせ、その上にチーズとトマトの順に置き、くるくるときっちり巻く。表面全体に軽く塩、こしょうをし、小麦粉を振る。

3 フライパンにオリーブオイルをひき、**2**の巻き終わりを下にして焼き始める。肉がくっついたら転がしながら表面全体を焼く。色よく焼けたら鍋肌からだししょうゆ少々を垂らし、全体に絡めてできあがり。

My Best Select Wine

アデガス・ギマロ
●「ギマロ・ティント」

人気ワインコミックでも取り上げられたワイン。涼やかな酸味とふくよかでスパイシーな香りはトマトや青じそとも相性抜群。好みで七味を振っても合います。冷やしてもおいしい赤。

参考価格　3,000円（税別）［ワイナリー和泉屋］

おうちバル

3つのタパスを同時に調理
グリルでおうちバルを楽しんで

スペインでは、ちょっとした食事を出すカフェのことを「バル」といいます。お茶を飲んだり、タパスと呼ばれるおつまみを食べたり、もちろんお酒も楽しめます。カウンターに立ったまま、食べて飲んで近くのお客さんとも仲良くワイワイと。そんなバル文化がここ数年、日本でも大人気。そこでおうちでバルのスタイルを楽しむ提案です。

活躍してくれるのが、コンロについている魚焼きグリル。にんにくとオリーブオイルで煮込むスペインの代表的なタパス「アヒージョ」、しいたけを器にした「ゴルゴンゾーラ焼き」、しいたけの軸を利用した「ブルスケッタ」の3種のタパスが同時に、あっというまに完成します。

Recipe

【タコとマッシュルームのアヒージョ】

材料 2人分

茹でタコ…足1本分
にんにく…1かけ
マッシュルーム（大）…6個
鷹の爪…1本
オリーブオイル…100cc
塩、黒こしょう、だししょうゆ…各適宜

1 タコは小さめの乱切り、にんにくはみじん切り、マッシュルームは縦半分（小さめのものならそのままでもOK）に切る。

2 耐熱容器に**1**を入れ、鷹の爪をのせて塩、こしょうを振り、だししょうゆをかけ、オリーブオイルを注ぐ。魚焼きグリルで10分ほど加熱してできあがり。

Point 1

ブルスケッタ用のバゲットと、ほかの2種類を同時にグリルで調理すれば、一度に3種ができる。

Recipe

【しいたけのゴルゴンゾーラ焼き】

材料 2人分

しいたけ…6個
ゴルゴンゾーラ…大さじ6

1 しいたけは軸を切り取り（軸はブルスケッタ用にとっておく）、傘の部分を下にして置く。かさの裏側にゴルゴンゾーラをたっぷりのせる。

2 魚焼きグリルで5分程度加熱する。

Recipe

【しいたけの軸のブルスケッタ】

材料 2人分

しいたけの軸（裂いたもの）…1カップ程度
にんにく…1かけ
オリーブオイル、塩、黒こしょう、粉チーズ…各適宜
バゲット…4切れ

1 小鍋にオリーブオイルと、みじん切りにしたにんにくを炒める。香りが立ったらしいたけの軸を加え、中火で炒め、軽く塩、こしょうをする。

2 魚焼きグリルで3分程度焼いたバゲットにのせる。お好みで仕上げに粉チーズをかけてもおいしい。

メモ 鍋などに使って余ったしいたけの軸は、生のまま裂いて保存袋に入れて冷凍保存。まとまった量になったら調理し、ブルスケッタやパスタの具などに。

My Best Select Wine

ヒメネス・ランディ
●「バルディニエブラ」
オーガニック農法のブドウから作られた、果実味にあふれ、滑らかでバランスのよい赤ワイン。料理を選ばずオールマイティーに楽しめる。バルスタイルにうってつけのワイン。
参考価格　2,800円（税別）
［ワイナリー和泉屋］

おから蒸しパン4種

人気のおからを使った沢樹流レシピ
豊潤なチーズとおからの優しい香りでワインがすすむ

おからの健康効果に注目が集まっていますね。常備菜として定期的におからを作っているわたしとしては、このブームに黙っているわけにはいきません。そこで、沢樹舞ならではの、おからの新作レシピを考案しました。

材料はおから、米粉、そして4種類のチーズ。カマンベール、モッツァレラ、ゴルゴンゾーラ、パルメジャーノ。それぞれに相性のよい具材を組み合わせた蒸しパンです。作り方は、細かく砕いたおからに、卵、砂糖、牛乳を混ぜ、米粉を合わせて生地を作り、チーズと具を入れ、蒸し器で蒸すだけ。チーズの香りと塩気、おからの甘い香りのマリアージュ。新しいおいしさの発見です。

Recipe

材料 4個分

生地
米粉…50g
重曹…大さじ1
ベーキングパウダー…5g
卵…1個
きび砂糖…大さじ2
牛乳…大さじ4
おから…100g
オリーブオイル…大さじ1
水…50cc

A
カマンベール…大さじ1
アンチョビ…1本

B
モッツァレラ…大さじ1
ドライトマト…1切れ

C
ゴルゴンゾーラ…大さじ1
くるみ…2個

D
パルメジャーノ…大さじ1
黒オリーブ（スライス）…3〜4枚

1 米粉、重曹、ベーキングパウダーはボウルに合わせておく。

2 別のボウルに卵を割り入れ、きび砂糖を加えて泡立て器で混ぜる。砂糖が溶けたら牛乳を加えてよく混ぜる。

3 おからを別のボウルに用意し、ここに**2**を加える。全体がよく混ざるようにヘラに持ち替えて混ぜる。**1**をふるいにかけながら加え、さっくりと混ぜる。

4 オリーブオイルと水を加え、滑らかになるまで混ぜる。生地のできあがり。

5 耐熱容器を4つ用意する。それぞれの容量の2/3程度まで生地を入れる。**A**から**D**の具材を4つの器にそれぞれ入れ、その上に器の8割程度まで生地を足す。

6 蒸気の上がった蒸し器に入れ、最初の7分は強火、残り8分は弱火にして蒸し上げる。

Point 1
4種類のチーズとそれぞれに合う具材を組み合わせて生地に入れる。

Point 2
おからによって水の量を加減する。生地の感触はホットケーキの生地よりやや重いくらいが目安。

Point 3
蒸し物は火加減と時間の勝負。始めの7分は強火で一気に蒸し上げ、残りは中火で火を通す。

My Best Select Wine

セラー・エスペルト
「モスカテル」
マスカット種から作られる甘口のスペインワイン。ドライフルーツや花の豊かな香りと、凝縮された果実の甘みが、チーズのコクや塩気と口の中で優雅なハーモニーを奏でます。
参考価格　2,000円（税別）
［ワイナリー和泉屋］

3種のパスタ

冷蔵庫の残り物でパパッと3品
どれもパスタの茹で時間で完成します

忙しいとき、疲れたとき、ササッと、パパッと食事をすませたい。そんなときのメニューは決まってパスタ。特別に食材を用意する必要はありません。にんにくとオリーブオイルと鷹の爪さえあれば、あとは冷蔵庫に残ったあり合わせでなんとかなります。身近な食材で作るパスタ3種をご紹介しましょう。

炒めた長ねぎの甘さと、ベーコンの塩気や旨味が絶妙な「長ねぎとベーコンのパスタ」、アンチョビ代わりにイカの塩辛を使った「塩辛とキャベツのペペロンチーノ」。冷蔵庫にちょっぴり余ったひき肉に、刻んだなすを加えて炒め、かさを増やしたヘルシーな「なすのミートソース」は、味つけは手軽にウスターソースとケチャップでOKです。

Recipe

【なすのミートソース】

材料 2人分

なす…1本
合いびき肉…30ｇ
にんにく…1かけ
鷹の爪…1本
トマトピューレ…小さじ1
トマトケチャップ…小さじ1
ウスターソース…小さじ1
オリーブオイル、粉チーズ、塩、黒こしょう…各適宜
ショートパスタ…200ｇ

1 なすは5㎜角の粗みじんにする。にんにくもみじん切りにする。

2 フライパンにオリーブオイルとにんにく、鷹の爪を入れ火にかける。香りが立ってきたらひき肉を加えて炒め、色が変わったらなすを加え、しっかりと炒め合わせて塩、こしょうする。トマトピューレ、トマトケチャップ、ウスターソースを加え、汁気がなくなるまで炒める。

3 茹であがったパスタを加えて和え、器に盛り、粉チーズを振る。

Recipe

【塩辛とキャベツのペペロンチーノ】

材料 2人分

キャベツ（大きめの葉）…2枚
にんにく…1かけ
鷹の爪…1本
イカの塩辛…大さじ2
オリーブオイル、塩、黒こしょう…各適宜
ショートパスタ…200ｇ

1 キャベツは一口大に切り、パスタを茹でている鍋でさっと湯通しする。

2 フライパンにオリーブオイルとにんにく、鷹の爪を入れ火にかける。香りが立ってきたらイカの塩辛、茹でたキャベツ、パスタの茹で汁少々を加える。茹であがったパスタを加えて炒め合わせる。塩、こしょうをして味を調え、できあがり。

Recipe

【長ねぎとベーコンのパスタ】

材料 2人分

長ねぎ（太めのもの）…1本
ベーコン（塊）…50ｇ
にんにく…1かけ
鷹の爪…1本
オリーブオイル、白だし…各適宜
ロングパスタ…200ｇ

1 長ねぎは大きめの斜め切り、ベーコンは1㎝幅に切る。パスタを茹で始める。

2 フライパンにオリーブオイルとにんにく、鷹の爪を入れ熱する。香りが立ってきたらベーコンと長ねぎを加える。ねぎはじっくりと両面を焼きつけるようにすると甘さが引き出される。

3 パスタが茹であがったらザルにあげる。このときに茹で汁を10cc程度残し、**2**に加える。白だしも加えて味を調え、パスタを加えて和え、器に盛る。

My Best Select Wine

ロータリ
●「ロータリ ブリュット」
イタリア北部トレンティーノ地方のスパークリングワイン。溌剌とした果実味ときめ細やかな泡が、3種のパスタ、どのおいしさも引き立てます。
参考価格 2,200円（税別）
［モトックス］

シシャモの南蛮漬け

下処理不要のシシャモとレモンで
マリネ感覚でいただく南蛮漬け

皆さまお馴染みの南蛮漬け。わたしも大好物でときどき無性に食べたくなります。南蛮漬けといえば小アジが定番ですが、下処理がちょっと面倒。そこで思いついたのがシシャモ。下処理不要で、違ったおいしさがあります。マリネ液は、市販の寿司酢にレモンを加えれば簡単なうえに、レモンの酸味と香りでワンランク上のお味に。少しの工夫で、お馴染みの一品がおしゃれに変身します。

Recipe

材料 2人分

シシャモの一夜干し…10本
玉ねぎ…½個
ピーマン（赤）…½個
レモン…1個
（半分はレモン汁用）
片栗粉、揚げ油…各適宜

マリネ液

寿司酢…1カップ
水…½カップ
レモン汁…½個分
黒こしょう（粒）…ひとつまみ
鷹の爪（輪切り）…ひとつまみ

1 シシャモに片栗粉をしっかりとまぶし、余分な粉を落とす。玉ねぎは薄切りにし、ピーマンは種を除いて薄い輪切りにする。

2 レモンは皮を竹串で刺して香りを立たせ、半分は5㎜幅程度の薄切りにする。残りは絞ってレモン汁を取り、ほかのマリネ液の材料と合わせておく。

3 180℃に熱した揚げ油にシシャモを入れ、きつね色になるまでこんがり揚げる。

4 浅い容器に揚げたてのシシャモを入れ、玉ねぎとピーマン、レモンをのせ、上からマリネ液をかける。半日から一晩寝かせ、味が馴染んでからいただく。

My Best Select Wine

マァジ
●「マジアンコ」

原料の一部を干しブドウ状態にしてから醸造するイタリアはヴェネト州の白ワイン。凝縮感のある果実味がマリネ液と馴染み、ほろ苦さのあるコクはシシャモの旨味とマッチ。

参考価格　2,600円（税別）［日欧商事］

かぼちゃのピリ辛そぼろ蒸し

ほっこりした甘みとピリ辛味の幸せな出会い
かぼちゃの魅力新発見！

からだを温めて胃腸の調子を整える食材といえばかぼちゃ。かぼちゃにはベータカロテンがたっぷりで抗酸化力も強く、美容にも効果的。どんどんカボチャを食べたいところですが、煮物くらいしか思いつかない方も多いのでは？ そこで、かぼちゃの新しい食べ方のご提案です。甘くほっくりしたかぼちゃに、生姜と鷹の爪、唐辛子でピリッと中華風の辛みをきかせた蒸し煮です。

Recipe

材料 2人分

- かぼちゃ…½個
- 長ねぎ…1本
- 生姜（みじん切り）…大さじ1
- 鷹の爪（輪切り）…小さじ1
- 豚ひき肉…120g
- 豆板醤…大さじ1
- 鶏ガラスープの素（顆粒）…小さじ1
- 水…150cc
- ごま油、塩、黒こしょう…各適宜

1 かぼちゃは種とワタを除き、5㎜幅のくし切りにする。長ねぎはみじん切りに。

2 フライパンにごま油をひき、生姜と鷹の爪を炒める。香りが立ってきたら豚ひき肉を入れて塩、こしょうをし、肉の色が変わってポロポロしてきたら豆板醤を加え、さらにしっかりと炒め合わせる。

3 ソテーパンに**1**のかぼちゃを敷き詰め、**2**のひき肉を全体に広げてのせる。鶏ガラスープの素を振りかけ、長ねぎをのせ、水を注いで蓋をし、火にかける。沸騰してきたら弱火にして、10分間蒸し煮にする。かぼちゃに火が通ったらできあがり。

My Best Select Wine

セラー・バテア
●「バル・マホル・ティント」

ほどよいボディと、きめ細かなタンニンが持ち味のスペインの赤。熟したベリーの果実味がピリリとしたそぼろの辛味を受け止めて、かぼちゃの甘みを引き立てます。

参考価格　2,000円（税別）　［ワイナリー和泉屋］

ノルマンディー風豚肉とりんごのソテー

フランスの郷土料理をアレンジ
肉の旨味とりんごの甘酸っぱさのマリアージュ

わたしの料理には果物を使ったレシピがたくさんあります。果物が持つ甘さや酸味、香りが肉や魚と出会うとき、想像以上の新しいおいしさが生まれるからです。

このレシピはフランス北部ノルマンディー地方の「ポーク・ノルマンディー」と呼ばれる豚肉とりんごのソテーがもとになっています。寒さが厳しくぶどうが栽培できないこの地域は、りんごの産地として有名。りんごをお酒の原料や料理にも使います。本場では、りんごで造られたワイン「シードル」や蒸留酒「カルヴァドス」で作りますが、ここでは白ワインとはちみつで手軽に。肉の旨味とりんごの甘酸っぱさを吸った濃厚ソースが、たまらないおいしさです。

Recipe

材料 2人分

豚肉生姜焼き用（厚め）…4枚
りんご…1個
白ワイン…大さじ3
はちみつ…大さじ1
バター…10g
生クリーム…大さじ3
白だし…大さじ1
オリーブオイル、塩、黒こしょう…各適宜
クレソン…2〜4枚

1 豚肉は縮まないように脂と赤身の間の筋を包丁の先で切る。両面にしっかりと塩、こしょうをする。りんごは8等分のくし形に切り、種と芯を除く。

2 フライパンにオリーブオイルをひいて豚肉を入れ、ソテーする。両面にしっかりときつね色の焼き色がつくまで焼いたら、余分な油をペーパーで拭き取る。

3 豚肉をフライパンの端に寄せ、空いたところにりんごを入れ、白ワインを全体に振りかける。りんごにだけはちみつをかけ、バターを落とす。フライパンを一度揺すってから蓋をし、弱火で3分程度蒸し焼きにして肉にしっかり火を通す。

4 豚肉とりんごを器に盛る。フライパンに残った汁に生クリームと白だしを加えて弱火にかける。底に残った旨味をヘラでこそげ落とすようにして全体になじませ、⅓量程度まで煮詰まったら火を止め、肉の上にかける。ブロッコリーとカリフラワーのホットサラダを添え、クレソンをあしらう。

【ブロッコリーとカリフラワーのホットサラダ】

Recipe

材料 2人分

ブロッコリー…½個
カリフラワー…½個
オリーブオイル…大さじ2
白だし…大さじ1
寿司酢…大さじ1
黒こしょう…少々
鷹の爪（輪切り）…ひとつまみ

1 ブロッコリーとカリフラワーは塩茹でしてザルにあげ、水気をきったら温かいままボウルに移す。

2 オリーブオイルから鷹の爪までの材料を加え、和える。

Point 1

豚肉をソテーしてりんごを並べたら、りんごにだけはちみつをかけてバターをのせる。こうすると甘さとコクがアップ。

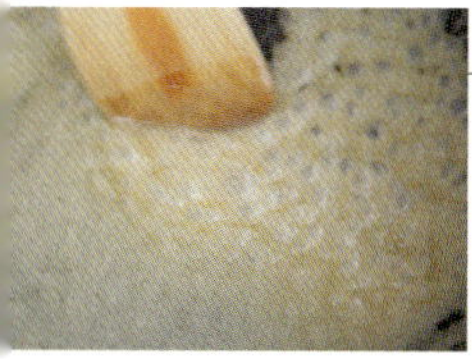

Point 2

肉とりんごの旨味が染み込んだ汁に、生クリームを加えて煮詰め、ソースに。最初の⅓量程度に煮詰まったらOK。

My Best Select Wine

Linkin プロジェクト
●「リンキン・シードル・ド・トヤマ」
富山県産のふじ、さんさ、王林という3種類のりんごを使い、すっきりとクリアに仕上げたオリジナルのシードル。豚肉とりんごのソテーに文句なしの組み合わせ。

参考商品

りんごとベリーのパイ

大人の手作りスイーツでおもてなし
オレンジリキュール風味のコーヒーを添えて

誰かを笑顔にしたい……そんなことを願いながら日々料理をするわたしですが、唯一、滅多に作らないジャンルがありました。それはお菓子。でも、あるときふと思いつき、フルーツケーキを焼いて訪ねてきた友人に出したところ、とても喜んでくれたのです。お菓子には料理以上に人を笑顔にする力があるのですね。以来、わたしのレパートリーにお菓子が少しずつ増えました。

ここでご紹介するのは、砂糖とバターで煮詰めたりんごにベリーの酸味をプラス、さらにオレンジのリキュール、グラン・マルニエで風味をつけた少し大人っぽい味わいのパイ。ゴロンと素朴なりんごの表情、華やかな色合いもごちそうです。

Point 1

最初にりんごだけを砂糖とバターで軽く煮込んでからベリーを加える。ベリーの色がりんご全体に広がり華やかに。

Point 2

フライパンで汁気をしっかり煮詰め、あめ状のとろみを絡めてから型に移す。りんごのあいだにベリーを並べオーブンへ。

Point 3

焼きあがり。型は直径20cmの鉄製のフライパンを使用。ケーキ型の場合は底の抜けないタイプを使う。

Recipe

材料 直径20cm 1台分

りんご（紅玉）…4個
グラニュー糖…150g
バター…30g
ブラックベリー…½カップ
ラズベリー…½カップ
オレンジリキュール（グラン・マルニエ）…大さじ2
シナモンパウダー…適宜
冷凍パイシート（20cm角）…1枚
バニラアイスクリーム（お好みで）…適宜

1 りんごは皮をむいて縦4等分に切り、種と芯を除く。フライパンに並べ、バターを散らして強火にかける。バターが溶けてきたところで中火にし、グラニュー糖を数回に分けて加える。

2 クッキングシートで落し蓋をし、弱めの中火で15分程度煮る。

3 いったんクッキングシートをはずし、ベリー類を全体にまんべんなく並べる。オレンジリキュールとシナモンを振り、さらにクッキングシートで落し蓋をして15分ほど煮る。

4 冷凍パイシートにはフォークで数か所穴をあけておく。

5 りんごがほぼ煮詰まったら火を強め、焦がさないように注意しながらフライパンを揺すって煮汁を完全に飛ばし、あめ状のとろみを全体に絡めて火を止める。

6 直径20cmの鉄製のフライパンかケーキの型に、りんごの皮のついている方を下にして敷き詰める。隙間をベリー類で埋め、上からパイシートをかぶせ、はみ出した部分はナイフでカットする。

7 250℃に予熱をしたオーブンで15分程度焼く。焼きあがったら切り分け、パイ生地を下にして器に盛り、お好みでアイスクリームを添える。

My Best Select Wine

グラン・マルニエ

●「グラン・マルニエ・コルドン・ルージュ」

熟成したコニャックとカリブのオレンジのアロマをブレンドしたフランスを代表するリキュール。パイの風味づけ、さらにはコーヒーに少量加えてパイのおともに。

参考価格　2,500円（税別）
［MHD モエ ヘネシー ディアジオ］

Column 6

そしてワインも料理を教えてくれる

ワインの道に進んで、今年で15年になります。

ファッションモデルをしていたわたしがフランスでワインと出会い、紆余曲折の末にワインのプロに転身しました。

前著『新家庭料理 沢樹舞のおいしい時間』でもそのエピソードを綴りましたが、わたしをワインの道に導いたのはパリで出会った300円のワインでした。

パリコレの舞台に立つことを目指して、単身渡仏した20代前半。厳しい競争の世界でくじけそうになるわたしを、安アパートで開けたワインが励ましてくれました。

さっきまで悔し涙を流していたというのに、ワインを飲むと心が落ち着いた。明日も頑張ろう。前向きな気持ちになれた。たった1杯のワインが、心を癒し、希望を与える。そのことを身をもって実感したわたしは、すっかりワインに心酔したのです。

シャトー・ド・プレサック。中世より続くフランス史の中でも重要なシャトー。1453年、英仏100年戦争終結の調印式が行われたことでも有名。

帰国後モデルの傍らワインの勉強を始め、ソムリエ試験に合格したのをきっかけにワインの道に進みました。

モデルからソムリエへ。周囲からは華麗な転身と言われましたが、実態は華麗という言葉とは程遠いものでした。バイト先のレストランは時給800円。「モデルとソムリエの二足のわらじ、それでいいじゃないか」。そんな声もありましたが、わたしは敢えてモデルを引退し、ワインの道に進んだのです。

決別をした記念に、再びわたしはフランスへと旅立ちました。向かったのは、ボルドーのサンテミリオン。「シャトー・ド・プレサック」という中世から続く歴史のあるワイナリーに住み込み、研修生や季節労働者達と一緒に畑作業をするために。

サンテミリオンでは、日が昇ってから沈むまで、ほとんどの時間を畑で過ごしました。

長かった髪はショートにして、服と言えばTシャツとジーンズだけ。爪は土で汚れ、ブドウの汁で染まり、真っ黒になりました。1か月もしないうちに、華やかなステージに立っていた人間とは、まったくの別人になっていました。

サンテミリオンは「千の丘」という意味。その街並みは中世のままの姿であり、1枚岩の巨大な石灰岩を彫ったレグリーズ・モノリト教会は圧巻の造形美。1999年にユネスコ世界遺産に登録。

帰国してからのわたしは、まさしくワインの道を突き進みました。

ワインは、飲む者を癒し、励まし、元気にする。ワインの持つ素晴らしい力を、大勢の方に伝えてきました。そしてもうひとつ、わたしが語ってきたのは、ワインと料理の幸せな関係について。

料理とワインは、二つでひとつ、切っても切り離せないものだと思います。フランスで出会ったワインの傍らには、必ず一皿の料理がありました。

選果作業。収穫されたぶどうが運び込まれ、未熟なもの、腐ったもの、葉っぱやゴミや虫などを取り除きます。

料理がそばにあると、ワインの力がさらに増す。笑顔の数が倍になる。

それを伝えたくてコツコツとレシピを作り始め、気がついたらその数は千を超えていました。

ワインとそして料理と。

今、わたしは自分自身を「菜園料理家」と名乗っています。畑に通い、野菜を育て、料理をする。素材と語りながらレシピを作る。

その出発点は、15年前に過ごしたサンテミリオンの畑なのかもしれません。

彼の地でわたしは実に多くのことを学びました。お日様の力、風の匂い、土の感触。風土と呼ばれるものが、ブドウを育くみ、ワインという液体に変わる。

素材がわたしに料理を教えてくれた。

わたしは実にさまざまなものから料理を教えられていますが、間違いなく、ワインは、その真ん中にあるのです。

上／ドルドーニュ河を見下ろすなだらかな丘陵地に広がるシャトー・ド・プレサックの畑。右6点／収穫期にはシャトーの従業員やその家族も総出で作業。左下の写真はデンマークから研修でやって来た高校生たち。身長190cm以上の長身ばかり！右下はオーナーのクワナン夫妻。1997年にプレサックを購入し、長らく低迷していたシャトーを一気に立て直しました。

Winter 1

賑やかな冬です。

冬の畑というと淋しい印象を持たれるかもしれません。ですが12月に旬を迎える野菜の種類は多く、畑はとても賑やか。大根、白菜、キャベツ、かぶ、小松菜……。年中スーパーで手に入るものでも、あらためて「冬野菜」という意識を持って接すると、その時期にしか楽しめない食べ方があることを素材が教えてくれます。冬野菜のおいしさがしみじみ感じられる料理をご紹介します。

大根1本使い切りレシピ

真冬の旬をまるごといただく贅沢の極み
パーツごとの味わいを生かして使い切り

年中出回っている大根ですが、旬は冬。みずみずしくて本当においしいですね。スーパーでカットされた大根を買う方も多いと思いますが、葉つきの大根が手に入ったら、1本まるごと料理してみませんか。

わたしの大根1本使い切りレシピをご紹介しましょう。

大根は、パーツごとに味わいが違います。甘みの強い根本の部分は生のまま、サラダにして食べるのがおすすめ。真ん中の部分は水分をたっぷり含んでいるので煮物にぴったりです。辛味の強い先端は大根おろしに。ここでは真ん中は中華風のピリ辛煮、葉っぱは常備菜、根元の部分はしそ風味のサラダにしました。ほら、ラクラク1本使い切りです。

Recipe

【中華風ピリ辛煮】

材料 4人分

大根（中心部分）…1本分
牛カルビ肉…250g
生姜…1かけ
ごま油…大さじ1
酒…1カップ
水…1カップ
合わせ調味料
みりん…大さじ1
オイスターソース…大さじ1
だししょうゆ…大さじ1
豆豉（みじん切り）…大さじ1
豆板醤…小さじ1

1 大根は10cm幅の輪切りにしてから皮をむき、一口大の乱切りにする。
2 フライパンにみじん切りにした生姜とごま油を入れ火にかけ、炒める。香りが立ったら大根を入れ、油を絡めるように炒める。
3 牛カルビ肉を入れて炒め、表面の色が変わったら酒と水を注ぎ、合わせ調味料の材料を加えてひと煮立ちさせる。蓋をし、中火で10分程度煮込む。
4 蓋を開けて火を強め、汁気を飛ばしてできあがり。

Recipe

【大根とちくわのサラダ しそ風味】

材料 4人分

大根（根元の部分）…15cm程度
塩…ふたつまみ
ちくわ…2本
マヨネーズ…大さじ1
しそのふりかけ…ふたつまみ
だししょうゆ…少々

1 大根は皮をむき、薄い短冊切りにする。ボウルに入れて塩を振り、5分程度おく。しんなりしてきたら手でギュッと絞り、水気をきる。
2 ちくわを薄切りにして**1**に加える。マヨネーズとふりかけ、だししょうゆを加えて軽く和える。

Recipe

【大根の葉の常備菜】

材料 4人分

大根の葉…1本分
ごま油…大さじ1
ちりめんじゃこ…50g
削り節…ひとつまみ
ごま…小さじ1
酒…大さじ1
だししょうゆ…大さじ1

1 大根の葉は細かく刻む。ごま油を熱したフライパンでざっと炒める。
2 しんなりしたら、ちりめんじゃこと削り節、ごまを加え、酒、だししょうゆを回しかける。汁気がなくなるまで炒め合わせてできあがり。

Point 1
水分が多くみずみずしい中心部分は煮物に。乱切りにすると火の通りが早く、味も染みやすい。

Point 2
大根の葉は炒め、ちりめんじゃこで旨味と塩気をプラスをして常備菜に。

My Best Select Wine

セラー・エスペルト
●「テレス・ネグレス」

スペインの赤ワイン。丸みのある熟した果実の味わいときめ細かなタンニンが、ピリ辛こってり味の煮物とぴったり。大根の葉っぱともよく合います。

参考価格　3,800円（税別）
［ワイナリー和泉屋］

白菜ロール

**白菜と相性抜群の豚肉に
パルメジャーノと生姜で沢樹流のアクセント**

冬に旬を迎える野菜はたくさんありますが、なんといっても冬野菜の王様は白菜。ズシリと重い大きな白菜を畑から背負って帰る幸せといったら……。畑をやっていてよかったなと感じる瞬間です。

とはいえ、丸ごと1個の白菜を食べ尽くすのは本当に大変。わたしのレシピに白菜が多いのは、冬が訪れるたびにあれこれ工夫をした結果です。ここでご紹介する「白菜ロール」は、薄切り肉を使ってくるくる巻くだけの簡単レシピ。白菜は外側の大きな葉を使い、肉とパルメジャーノ、生姜を巻いて10分程度煮込めばできあがり。パルメジャーノと生姜が、おなじみの豚肉と白菜の組み合わせに新鮮さをもたらします。

Point 1

白菜は葉の根本の白い部分に浅い切れ込みを入れると巻きやすくなる。

Point 2

フライパンで蒸し煮にすれば少ない水の量でしんなりと。

Point 3

根元にパルメジャーノと生姜をのせて、巻き始めをしっかりと押さえながらくるくると巻く。

Recipe

材料　2人分

白菜（外葉）…6枚
豚バラ薄切り肉…12枚
パルメジャーノ…50g
生姜…1かけ
ブロッコリー…½個
白ワイン…100cc
はちみつ…大さじ1
ローリエ…1〜2枚
白だし…大さじ1
塩、黒こしょう…各適宜
粒マスタード（お好みで）
…大さじ1

1 白菜は外側の大きな葉を使い、根元の白い部分に浅く切り込みを入れる。大きなフライパンに入れ、水1カップ程度を注いで火にかけ、蓋をして中火で10分程度蒸し煮にする。

2 白菜をザルにあげてペーパーで水気を拭く。粗熱がとれたらペーパーで水気をきる。

3 葉1枚に対して薄切り肉2枚を中央におき、塩、こしょうをする。外側から折りたたみ、5㎝角の棒状に切ったパルメジャーノとせん切りにした生姜を根元におき、ここを芯にして葉先に向かってくるくると巻く。

4 鍋にぴっちりと**3**を並べ、隙間に小房に分けたブロッコリーを詰める。7分目程度まで水を注ぎ、白ワイン、はちみつを加えてローリエをのせ、蓋をして弱火で10分程度コトコトと煮る。

5 白菜が柔らかくなったら、味をみて白だしを加えてひと煮立ちさせる。器に盛り、お好みで粒マスタードを添える。

メモ 白菜は新聞紙に包んで立てて保存すると日持ちする。

My Best Select Wine

ボルサオ
「クラシコ・ブランコ」

シトラスやピーチの香りに、フレッシュな酸とみずみずしい果実の味わいが心地よく、スムースに飲めてしまう白ワイン。白菜と豚肉の組み合わせにぴったりマッチ。

参考小売価格　980円（税別）
［メルシャン］

白菜と肉団子の豆乳シチュー

余熱調理の土鍋が大活躍
とろけるような白菜の甘さを召し上がれ

Point 1

白菜は鍋からあふれるぐらいに入れてOK。上から押さえ、酒と水を加えて蓋をして蒸し煮に。

Point 2

中火で10分程度火を通し、その後、火を止めて余熱で蒸らすのがコツ。このあいだに白菜の量が半分以下に減り旨味が凝縮される。

Point 3

白菜から出た旨味の詰まった汁は極上のスープ。ここに水を注いで再び火にかけたら、タネを団子にしてのせる。

寒さがもっとも厳しい時期は、土鍋が大活躍する季節。寄せ鍋、しゃぶしゃぶ、水炊きなど……。でも土鍋料理はそれだけではありません。土鍋の魅力はなんといっても余熱を最大限に利用できること。厚手の土鍋は炎の熱をしっかりと蓄えて、火を止めてからの余熱でじっくり調理できます。この余熱こそが食材をおいしくする秘密。土鍋の中で遠赤外線効果が生まれ、食材の旨味を芯から引き出してくれます。

この余熱で驚くほどおいしくなるのが白菜。とろけるような甘さと、旨味が凝縮された濃い味わいに、きっと病みつきになること請け合いです。土鍋の余熱を利用した、極上の白菜シチューです。

Recipe

材料 2〜3人分

白菜…½〜¼個
豆乳…400cc
顆粒ブイヨン…大さじ1
酒…100cc
白だし…少々
黒こしょう…適宜
つくね
鶏ももひき肉…300g
しいたけ…1個
長ねぎ…½本
生姜…1かけ
塩、黒こしょう…各ひとつまみ
ごま油…大さじ1
片栗粉…小さじ1

1 白菜は白い部分と柔らかい葉の部分に切り分け、白い部分は2cm程度の削ぎ切りに、葉は食べやすい大きさに切る。内側をさっと濡らした土鍋に白菜を入れ、酒と同量の水を加えて蓋をし、火にかける。中火で10分程度加熱したら火を止め、余熱で15分程度蒸す。

2 蒸しているあいだにつくねのタネを作る。鶏肉に、みじん切りにしたしいたけと長ねぎ、生姜、残りの材料を加えてよく混ぜる。

3 白菜のかさが半分以下に減ったら土鍋を再び火にかけ、白菜がかぶる程度の水を注ぎ、顆粒ブイヨンを振って火にかける。沸騰したら火を弱め、つくねのタネをスプーンで丸い団子状にして、鍋に入れる。

4 つくねに火が通ったら豆乳を加えてひと煮立ちさせ、白だしで味を調えたらできあがり。

5 器に盛り、好みで黒こしょうをふる。

My Best Select Wine

ミゲル・トーレス・チリ
●「サンタ・ディグナ・シャルドネ・レゼルヴァ」

マンゴーのような果実味にバニラの香りがリッチな印象で、クリーム系の料理とも相性抜群。白菜の甘さや肉団子の旨味にマッチします。

参考価格　1,800円（税別）
［エノテカ］

塩豚とキャベツの煮込み

**驚くほどキャベツがおいしくなる
とっておきのいただき方**

キャベツには冬キャベツと春キャベツがありますが、12月〜3月に出回っているのは冬キャベツ。まだ暑さが残る9月の始めに畑に苗を植え、害虫と闘いながら大切に育てます。肉厚で甘味が強いのが特徴ですが、煮ると甘さがさらに増しますね。そんな冬キャベツを、我が家の定番「塩豚」と一緒に煮込みます。肉の旨味がたっぷりとキャベツに染み込んで、たまらないおいしさです。

Recipe

材料 4人分

塩豚
豚バラ塊肉…500〜600g
塩…適宜
キャベツ…1個
酒…1/2カップ
塩、黒こしょう、ゆずこしょう（お好みで）…各適宜

1 塩豚を作る。豚塊肉に表面が白くなるくらいしっかりと塩をまぶす。ペーパーにくるんで保存袋に入れ、冷蔵庫に1晩程度おく。軽く水洗いしてペーパーで水気を拭き取り、2㎝幅程度に切る。

2 キャベツは半分にカットして芯を切り取り、ざっくりと8等分に分ける。大きな鍋に6切れを交互に詰めるように入れ、塩豚を中央に並べ、その上に残りのキャベツ2切れを蓋をするようにのせる。

3 酒を注ぎ、豚肉がひたる程度の水を入れて蓋をし、強火にかける。沸騰してきたら弱めの中火にし、静かに15分ほど煮てから火を止め、蓋をしたまましばらくおいて余熱で味を染み込ませる。

4 器に盛り、好みで塩、黒こしょう、ゆずこしょうを添える。

Point 1

キャベツと豚肉を煮る際、沸いてきたら弱めの中火に。肉がかたくなってしまうので決して強火でグラグラ煮ないこと。

My Best Select Wine

リトレ・ファミリー・ワインズ
●「ジンダリー シャルドネ」

オーストラリアの白ワイン。柑橘類のフレッシュな酸味にトロピカルフルーツの甘さや桃のみずみずしさで、じっくり煮込んだ冬キャベツや塩豚の甘さにぴったり寄り添います。

参考価格　1,360円（税別）　［三国ワイン］

小松菜と豚肉の常夜鍋

小松菜、生姜、ごま油が沢樹流
ポカポカ効果で寒さも吹き飛ぶ定番鍋

毎晩食べても飽きないということでその名がついた「常夜鍋」。基本は豚肉とほうれんそう、白菜や長ねぎ、豆腐など具はいろいろ。昆布だしと酒で煮てぽん酢でいただく、シンプルで味わい深い鍋です。そんな常夜鍋、我が家ではアクが少なく、下茹でしなくてもおいしく食べられる小松菜を使います。さらに生姜とごま油でだしにパンチとコクをプラス。ポカポカ効果で体が芯から温まります。

Recipe

材料 2人分

だし昆布（20㎝長さ）…1枚
水…500cc
酒…250cc
鶏ガラスープ（顆粒）…大さじ1
ごま油…大さじ1
生姜（みじん切り）…大さじ1

具材

豚バラ薄切り肉…300g
小松菜…1～2束
豆腐…½丁
しいたけ…3個
まいたけ…½パック
しめじ…½パック
長ねぎ…1本
油揚げ…1枚
薬味（かんずりやゆずこしょうなどお好みで）、ぽん酢…各適宜

1 昆布は分量の水に15分ほど浸してから火にかける。沸騰直前に昆布を取り出し、酒と鶏ガラスープを加えてひと煮立ちさせる。

2 土鍋にごま油をひき、みじん切りの生姜を加えて火にかけ、弱火でじっくりと炒めて火を通し、香りを出す。

3 **1**のだし汁を注ぎ、沸騰してきたら具材を入れる。火が通ったら、ぽん酢とお好みの薬味を添える。

My Best Select Wine

ドメーヌ・ド・ラ・ルヴトゥリ
●「ミュスカデ・セーブル・エ・メーヌ シュール・リー」

フランス・ロワール地方の白ワイン。フレッシュな柑橘系の香りと味わい、すっきりとした中に柔らかな旨味が溶け込み、ぽん酢や昆布だしとの相性がよく鍋物にぴったり。

参考価格　1,800円（税別）　［モトックス］

Mourvèdre
BIO
CAZES

かぶのファルシ

かぶの隠れた魅力をオーブン調理で引き出す
ドライトマトの旨味と酸味がポイント

淡白な味わいが魅力のかぶですが、だしやスープの味にまぎれこむと存在感がいまひとつ。そんなかぶをおいしく食べるヒントはフランス料理にありました。フランスでは、かぶを皮つきのまま丸ごとオーブンで焼くそうです。そうすると、かぶの甘さがぐーんと引き出されるのだとか。

肉や魚や野菜の中に別の食材を詰める料理を「ファルシ」といいますが、かぶで作るファルシを、ダッチオーブンで作ります。かぶは中をくり抜いて器にし、この中身とドライトマト、粗く刻んだ鶏肉でタネを作りましょう。甘く香るフェンネルシードもポイント。タネをこんもりとかぶの中に詰めたら、あとはオーブンで焼けば完成です。

Recipe

材料 2〜3人分

ドライトマト…2個
ぬるま湯…100cc
かぶ（大きめ）…3個
鶏もも肉…100g
にんにく…1かけ
フェンネルシード…ひとつまみ
片栗粉…小さじ1
顆粒ブイヨン…5g
塩、黒こしょう、
オリーブオイル…各適宜

1 ドライトマトは100ccのぬるま湯に10分ほど浸して戻し、軽く絞って細かく刻む。戻し汁はとっておく。

2 かぶは茎の部分を1cm程度残して葉を切り落とし、茎の間の泥を竹串で落としてよく洗う。根元から1cm程度下の位置を水平に切り、中身をペティナイフとスプーンでくり抜く。くり抜いた中身はみじん切りにする。切り落とした部分はとっておく。

3 鶏もも肉は粗く刻み、ボウルに入れる。ここにドライトマト、かぶの中身、みじん切りしたにんにく、塩、黒こしょう、フェンネルシード、片栗粉を入れ、オリーブオイルを垂らしたら、手で混ぜてタネを作る。

4 かぶのくり抜いた部分に**3**のタネをスプーンを使ってこんもりと詰める。

5 オーブンシートを敷いたダッチオーブンにかぶを入れ、隙間に切り落とした部分も入れて安定させる。ドライトマトの戻し汁に顆粒ブイヨンを溶かし、かぶの周囲に回し入れる。

6 グリル＋ダッチオーブンで15分加熱し、余熱で10分火を通してできあがり。または予熱をした200℃のオーブンで25分加熱してもよい。

メモ ダッチオーブンがなければ、ホーローや鉄製の厚手の鍋で。その場合は200℃のオーブンで25分火を通す。

Point 1
旨味の素、ドライトマト。凝縮した旨味が移った戻し汁もだしとして使う。

Point 2
かぶにはペティナイフなどで切り込みを入れて中身を取り出してから、スプーンで中をきれいにして器にする。

Point 3
中に詰める鶏肉は、ひき肉よりもこま切れをカットするのがおすすめ。肉が少し粗いほうがジューシーに仕上がる。

My Best Select Wine

ドメーヌ・カズ
●「カノン・デュ・マレシャル ロゼ」

南仏の自然派ワイン。ベリーの果実味と柑橘系のフレッシュな酸味が口の中で広がります。肉汁の染み込んだかぶの甘みや、ほんのり効いたトマトの風味とも絶妙にマッチ。

参考小売価格　1,670円（税別）
［メルシャン］

ブリのあらとかぶの赤ワイン煮

ワインに寄り添う、「おふくろの味」の進化系
赤ワインで煮て奥深い味わいに

わたしが生まれて初めて作った魚料理がブリのあら煮でした。親元を離れて一人暮らしをした最初の冬に、母の作ったあら煮が無性に食べたくなって、実家に電話をかけて作り方を教わりました。

それから何年もの時が過ぎ、冬がくるたびに、ブリ大根やブリのあら煮を作ります。しょうゆがしっかりと染み込んだ、甘塩っぱい魚の煮つけ。そんな母の味、故郷の味を受け継ぎつつ、現代風にアレンジするのも、わたしにとって、とても大きなテーマのひとつ。赤ワインであらを煮る沢樹流のブリのあら煮は、ふんだんに使ったバターや赤ワインの効果で、また違った奥深い味わいです。

Recipe

材料 2〜3人分

ブリのあら…500g
かぶ（小）…4個
赤ワイン…400cc
ローリエ…2枚
バター…10g
顆粒ブイヨン…5g
だししょうゆ…大さじ½
はちみつ…大さじ2
オリーブオイル、塩、黒こしょう
…各適宜

1 ブリのあらはザルに入れて塩を振り、しばらくおく。表面にうっすら水気が浮いてきたら、全体にまんべんなく熱湯をかけ、ペーパーで血合いなどをていねいに拭き取り水気をきる。
2 かぶは皮をむいて4等分にする。
3 赤ワインとローリエを小鍋に入れて火にかけ、半量になるまで煮詰める。
4 フライパンにバターとオリーブオイルを熱し、ブリを入れ軽く塩、こしょうをして、表面を軽く焼きつける。
5 200cc程度の水を注ぎ、顆粒ブイヨンを振り入れてひと煮立ちさせる。
6 **3**の煮詰めた赤ワインにはちみつ、だししょうゆを加え、蓋をして中火で5分程度煮る。かぶをブリの上にのせるように入れたら再び蓋をし、5分ほど蒸し煮にする。かぶに火が通ったらできあがり。

Point 1

ブリのあらには塩を振ってから熱湯を回しかけ、臭みを除く。

Point 2

煮詰めた赤ワインをブリに注ぎ、はちみつとだししょうゆで味をつけて煮るのが沢樹流。

Point 3

かぶは最後に加え、全体に透き通って火が通るまで蒸し煮にすればOK。

My Best Select Wine

プラネタ
●「プラムバーゴ」

シチリアの赤ワイン。熟したチェリーやイチゴのような果実味にソフトな渋みが心地よく、バランスよく飲みやすい。肉料理はもちろん、マグロやブリにも相性抜群です。

参考価格　3,200円（税別）
［日欧商事］

Column 7

テーブルセッティングのお話

畑のすぐそばにキッチンがあったらどんなにいいだろう。わたしが理想としているのは、畑と食卓が一体になっているような暮らしです。

まだそれは叶わぬ夢ですが、だからこそ、テーブルには「自然」を感じていたいと思っています。

例えばそれは、畑の野菜だったり、一輪の花だったり、あるいは器の持つ土のエネルギーでもいい。自然の生命力を、どこかしらに感じられるようにしたい。

「ファーム・トゥ・テーブル」

料理だけでなく、空間作りでもその考えを大切にしたい。畑の延長線上に食卓がある、そんなことをイメージしてテーブルセッティングをしています。

例えばホームパーティーでは、テーブルの上にさまざまな大皿を並べます。丸、四角、長方形、楕円……。色も形も素材も違う大きなサイズの皿をリズミカルに配置していく。

それぞれの皿に盛りつける料理の色や形状も考慮に入れて、テーブルの上に花を咲かせるような感覚で並べていきます。

ゲストの席には、それぞれプレイスマットを敷き、取り皿、カトラリー、アミューズ（突き出し）をのせた小皿などをセットしておきます。メインの大皿を自由に遊ばせた分、取り皿は同じ形で揃えて。

以前は取り皿はもっぱら白でしたが、最近は1人ずつ取り皿の色を変えています。形を揃えながら、色違いにすることで、テーブルの生命力が増すから面白い。

少々高度なテクニックに見えますが、取り皿などは同じブランド、同じ作家のものを色違いで揃えると、意外なほどすんなりと決まります。ぜひ、トライしてみてください。

食事のための食卓ですから、テーブルセッティングは料理ありき。料理が存在しないテーブルセッティングなど、わたしには考えられません。

ホームパーティーでも、普段の食事でも、メニューを考えるのと同時進行で器を決めていきます。

その際には、どんな風に料理を盛りつけるかもイメージします。手本となるような料理写真をスクラップしたり、ざっとスケッチするのもよいですね。

さらに料理をする前に、実際に器を並べてみるのです。要はイメージトレーニング。

これをわたしは、エア試作、エアセッティング、と呼んでいます。

お正月。ゴールドと白の和紙で出来たプレイスマットの重ね使いに、輪島塗、古伊万里、今右衛門などで、華やかに。

わたしが実際に普段の食卓や、人をお招きした際にしつらえたテーブルセッティング。テーブルのどこかしらに自然の持つ生命力を感じられるようにしています。

沢樹 舞の畑だより

冬 WINTER

静寂に包まれた冬の畑に、ザクザクと霜を踏む音が響きます。
今朝も一段と冷え込みが厳しかったのか、
地面には白く光る無数の柱が立っています。
「冬も畑をやっているの？」と不思議に思われるかもしれません。
雪国に育ったわたしも、はじめは冬の畑なんてピンときませんでした。
でも、実は冬こそが、もっともたくさんの野菜が収穫できる季節、
とても豊かな季節なのです。

冬の野菜は、まだ残暑が厳しい8月の終わりから種蒔きや苗の植えつけをします。
幾つかの台風が過ぎ、日に日に気温が下がっていく中で、
ゆっくりと育った野菜たち。
周囲の森が紅葉し、その葉も落ちて景色が灰色にくすむこの季節に、
畑は優しくしなやかな緑に覆われます。
白菜、大根、かぶ、ねぎ、キャベツ、ブロッコリー、レタス、プチヴェール、
小松菜、春菊、水菜、ルッコラ、ほうれんそう、ターサイ、菜ばな…。

畑では15種類の野菜が収穫できます。
種類もさることながら、サイズも目を見張ります。
白菜や大根はスーパーに並んでいるものより2倍も3倍も大きくて重い。
収穫を終え、ゆうに10kgを超える袋を背負って電車で家に帰るのは、
しんどいけれど、実に楽しい。
今夜さっそく何を作ろうかと考えるだけで、重さが嬉しさに変わります。

冬の野菜は、コトコトと煮るのに限ります。
時間をかけて火を入れて、旨味や甘味を引き出していく。
冬野菜のおいしさは、温かさだと思う。
ひとを幸せにしてくれる、ぬくもりがある。
白菜は、霜が降りると甘さが増すといいます。
霜の冷たさから身を守ろうと養分を葉に蓄えさせるからです。
冬が豊かで温かいものだと、畑をやって始めて知りました。
そしていつしか、一番好きな季節になりました。

Winter 2

コトコトと暖かくなる。

真冬は炎と鍋を使って、じっくりと煮込み料理を楽しみたい季節。料理に時間をかけるのは少しおっくうかもしれないけれど、かけた時間が多くのことを深めてくれます。材料が煮えて味が染み込むのを待つあいだ、食べてもらう相手のことを思う。喜ぶ顔を思い浮かべながら鍋と向き合ううち、料理と、ひとへの愛情も深まっていきます。長い冬を暖かめてくれるレシピです。

牛すじ肉とトマトのおでん

みんなの笑顔が湯気の向こうに
冬のごちそうおでんの新定番

寒さが一層厳しくなる時期は、鍋物が一番のごちそうです。わたしの実家では、家族が集まるときには母がおでんを作ってくれます。具材をコトコト煮て一晩寝かせて……。時間も手間もかかった正真正銘のごちそうです。

わたしも、冬にはたびたびおでんを作ります。おでんは地域によっておでんだねもつゆの味も全く違いますが、ここでご紹介するのは、わたしのオリジナルのおでん。主役となるのは牛すじです。

牛すじ肉は、余熱を利用して一晩じっくりと火を通し、トロトロに。その煮汁にトマトを丸ごと加えるのが沢樹流。あとは練り物などをバランスよく加えれば完成です。

Point 1
弱火で小1時間煮たあと、余熱で調理することで火の通りにくい牛すじ肉がトロトロに、煮崩れせずに仕上がる。

Point 2
肉の旨味が凝縮された煮汁でおでんだねを煮る。トマトの酸味が加わることで味にキレがプラス。

Point 3
トマトの皮は口の中に残るので、破れてきたら箸でむく。

Recipe

材料 2人分

牛すじ肉…300g
トマト…2個
おでんだね
焼きちくわ…2本
さつま揚げ…2枚
こんにゃく…1枚
結び昆布…2個
かぶ…4個
はんぺん…1枚
だしパック…2個
酒…大さじ3
だししょうゆ…適宜

1 牛すじ肉を下茹でする。鍋にたっぷりの湯を沸かし、牛すじ肉を入れて5分ほどグラグラと煮たら茹でこぼし、再度水を加えてひと煮立ちさせ、ザルにあげて水気をきり、食べやすい大きさにカットする。

2 鍋に牛すじ肉とかぶるぐらいの水、だしパックを加えて火にかける。沸騰したら弱火でコトコト煮る。1時間弱煮たら火を止めて、半日から一晩おく。

3 トマトはへたをくり抜き、頭の部分に十字の切り込みを入れる。土鍋に入れ、かぶとはんぺん以外のおでんだねをすべて加え、牛すじ肉の煮汁と酒を注ぐ。中火で煮る（煮汁が足りない場合は水を足す）。

4 トマトの皮が破れてきたら箸で皮をむく。だししょうゆで味を調え、最後にかぶとはんぺんを加えてひと煮立ちさせてできあがり。

My Best Select Wine

マァジ
●「ローザ・ディ・マァジ」
おでんのつゆにロゼワインがとてもよく馴染みます。中でもこのロゼはボリューム感やコクがあり、牛スジや練り物とも相性抜群。トマトの旨味とも一体に。
参考価格　2,600円（税別）
［日欧商事］

ビーフシチュー

じっくりコトコト煮込んだ絶品
白だし、ケチャップ、ウスターソースで手軽にコクを

ごちそうの定義ってなんでしょう？高価な食材を使うこと？品数がたくさんあること？…ある方は「時間をかけて作った料理のこと」だと言っていました。時間をかけた分だけ、食べる相手への思いも詰まっているから、と。そんな話を聞いたとき、ふと、ビーフシチューが頭に浮かびました。コトコト煮込んで作るビーフシチュー。煮ている時間に、たくさんの思いが鍋の中に溶け込んでおいしくなるのかな。だとしたらビーフシチューは最高のごちそうですね。

ここでご紹介するのは、とっておきのビーフシチューのレシピです。白だし、ケチャップ、ウスターソースで仕上げる沢樹流。短時間で複雑なコクが出せる秘伝のレシピです。

Point 1
フランベすることで、ブランデーの豊かな香りや風味が肉に移る。

Point 2
フライパンに残った旨味を赤ワインで洗うようにこそげ取り、煮汁にコクをプラス。

Recipe

材料 4人分

牛肩バラ塊肉…600g
玉ねぎ…2個
にんじん…2本
ブロッコリー…½個
赤ワイン…2カップ
トマト水煮…1缶
水…トマト水煮缶の容量の½
固形ブイヨン…2個
ローリエ…2枚
はちみつ…大さじ2
ウスターソース、ケチャップ、白だし…各大さじ1
バター…大さじ1
塩、黒こしょう、小麦粉、オリーブオイル、ブランデー…各適宜

1 牛肩バラ肉は4cm角にカットし、塩、こしょうをし、表面に小麦粉をしっかりとまぶす。

2 玉ねぎはみじん切り、にんじんは皮をむいて乱切りにする。ブロッコリーは塩茹でし、小房に分ける。

3 フライパンにオリーブオイルをひき、牛肉の全面をしっかりと焼きつける。焼き色がついたら余分な油をペーパーで拭き取り、ブランデーを振りかけてフランベする。煮込み用の厚手の鍋に肉を移す。

4 3のフライパンにオリーブオイル少量を足し、玉ねぎを炒める。水分が抜けて半量程度になるまで中火でじっくりと炒め、煮込み用の鍋に移す。

5 同じフライパンに½カップ程度の赤ワインを注いで火にかけ、沸騰させながらヘラでフライパンに残った旨味をこそげ取り、煮込み用の鍋に注ぐ。

6 煮込み用の鍋に、にんじん、残りの赤ワイン、トマトの水煮、水、固形ブイヨン、ローリエ、はちみつを加える。蓋をし、最初は強火にかけ、沸騰したら弱火で小1時間煮込む。

7 仕上げにウスターソース、ケチャップ、白だしを加えて味を調える。バターとブロッコリーを加えてひと煮立ちさせてできあがり。

My Best Select Wine

マァジ
●「カンポフィオリン」

干しぶどうの凝縮した風味を身近に感じることができる、魅力的なイタリア・ヴェネト州の赤ワイン。コクがありまろやかな味わいはビーフシチューにぴったり。

参考価格　3,000円（税別）
［日欧商事］

カキのオイル漬け　クリームチーズ

冬に楽しむ保存食
ひと手間かければパーティーの主役に！

カキが出回る季節に必ず作るのがオイル漬けです。スーパーでカキが特売になっていたら、ここぞとばかりに作りおき。日持ちがしますし、寝かせることでおいしさが増します。

作り方はとても簡単。フライパンでカキの両面をソテーし、だししょうゆで味をつけ、オリーブオイル、にんにく、鷹の爪とともに保存容器に入れるだけ。冷蔵庫で保存し1〜2日おくと食べ頃です。

このオイル漬け、そのままではもちろん、ひと手間かければさらにおいしさ倍増です。おすすめはクロスティーニ。イタリア語で「小さなトースト」という意味の前菜です。見た目が華やかでボリュームも満点。ホームパーティーでも大人気間違いなしです。

Point 1
カキはテフロン加工のフライパンで油をひかずに焼く。強めの中火で片面ずつ焼き色をつける。

Point 2
オイル漬けは漬けてから1〜2日目が食べ頃。保存期間は冷蔵庫で1週間程度が目安。

Recipe

材料 2人分

カキのオイル漬け
- カキ…10〜15個
- 塩…少々
- だししょうゆ…小さじ1
- にんにく…2かけ
- 鷹の爪…1本
- 黒こしょう（粒）…ひとつまみ
- オリーブオイル…適宜

- バゲット…適宜
- 長ねぎ…½本
- クリームチーズ…カキ1個に対し大さじ1
- ピンクペッパー…ひとつまみ
- イタリアンパセリ…適宜

1 カキには塩を振り、しっかりと振り洗いして汚れを落とし、水気をきる。
2 テフロン加工のフライパンにカキを並べて点火し、強めの中火で片面ずつ焼く。
3 カキに焼き色がつき、じゅわっと水気が出てきたら、鍋肌からだししょうゆを回し入れ、全体に馴染ませる。
4 保存容器にカキを入れ、オリーブオイルをひたひたに注ぎ、潰したにんにくと鷹の爪、黒こしょうを加え冷蔵庫で保存する。1〜2晩目以降が食べ頃。
5 バゲットをこんがり焼き、その上に薄切りにした長ねぎ、カキのオイル漬け、クリームチーズをのせ、ピンクペッパーを散らし、イタリアンパセリをあしらう。

My Best Select Wine

マストロベラルディーノ
●「グレコ・ディ・トゥーフォ」

イタリア・カンパーニャ州の白ワイン。洋梨のアロマに白桃のような甘い果実味が魅惑的。厚みのある味わいはカキやチーズのボリューム感ともぴったり。

参考価格　2,700円（税別）
[モトックス]

Bardos

ローストビーフ　実山椒ソース

赤身のお肉を堪能
実山椒とバルサミコ酢のソースがくせになる

Point 1
2種類の赤身肉を用意し、それぞれの味わいや食感を楽しむ。

Point 2
肉はすべての面を焼きつけ、旨味をしっかり閉じこめる。

Point 3
バルサミコ酢がベースのソースには、実山椒を加えて清涼感をプラス。半量になるまで煮詰める。

わたしは断然、牛肉は赤身が好きです。もも肉はタンパクが豊富で、ビタミンB群や鉄分・亜鉛などミネラルがたっぷり。ランプ肉は背肉の一番後ろのところ。柔らかい肉質でクセが少なく、鶏ささみに匹敵するほど高タンパクで低脂肪です。どちらもカルニチンというアミノ酸が豊富で、ダイエットやアンチエイジングにも効果があるらしい。

　でも、赤身の魅力はなんといってもその食感です。噛みしめるほどに、旨味がじわーっと染みてくる。そんな赤身の牛肉の魅力を最大限に引き出すのがローストビーフ。もも肉とランプ肉、2種類を使います。清涼感のある実山椒と煮詰めたバルサミコ酢の濃厚なソースがくせになります。

Recipe

材料　4人分

牛塊肉（もも、ランプ合わせて）…1kg
塩、黒こしょう…各適宜
オリーブオイル…適宜
ブランデー…適宜
木の芽…適宜
実山椒ソース
バルサミコ酢…大さじ3
だししょうゆ…大さじ1
はちみつ…大さじ1
実山椒（水煮）…大さじ1

1 牛塊肉は、表面にしっかりと塩をし、黒こしょうを振る。フライパンにオリーブオイルを熱し、表面をしっかりと焼きつける。
2 ブランデーを注ぎ入れてフランベし、余分なアルコールを飛ばす。
3 200℃に予熱したオーブンに入れ、20分程度、肉の大きさに合わせてオーブンで焼く。焼きあがったらアルミホイルに包んで、30分ほど寝かせ、焼き汁を落ち着かせる。
4 実山椒ソースを作る。小鍋に材料を入れて火にかけ、半量になるまで中火で煮詰める。
5 カットした牛肉を器に盛り、実山椒ソースと木の芽を添えてできあがり。

My Best Select Wine

デ・バルドス
●「アルツ・メティカ」

「神話的芸術」という名のワイン。熟したベリーやスパイス、チョコレートの香り。力強さとエレガントさを併せ持ち、ローストビーフの旨味やソースの味わいにマッチ。

参考価格　4,400円（税別）
［ワイナリー和泉屋］

カニのあんかけ茶碗蒸し

旬のカニをたっぷり使ったあんをかけて
大鉢で豪華に作る

長崎のとある有名店で出会ったのが大きな鉢で出てきた茶碗蒸しです。茶碗蒸しといえば、蓋つきの小さな器に入っているものだと思っていたから、ちょっとした衝撃を覚えました。以来、茶碗蒸しは大きな鉢で作るのがお気に入りです。器が大きくなるだけで、何倍も豪華に見えるから不思議。テーブルで取り分けるスタイルがホームパーティーでも好評で、我が家の定番になっています。

Point 1

卵を溶き混ぜる際は、菜箸を横一文字に静かに動かすと泡が入りにくい。泡が出たらペーパーで吸わせて取る。

Recipe

材料 2〜3人分

卵…3個
だし汁…400cc
酒…大さじ1
白だし…大さじ2
サラダ油…適宜

かにあん

だし汁…200cc
カニの身（ほぐしたもの）…150g
長ねぎ…½本
酒…大さじ1
みりん…大さじ1
だししょうゆ…大さじ1
寿司酢…大さじ1
片栗粉…大さじ1
すだちやかぼす…1個

1 卵を割り、泡立たせないように菜箸で溶き混ぜる。菜箸をボウルに立てるように横一文字に静かに動かすとよい。だし汁、酒、白だしを加えてさっと混ぜ合わせる。

2 大鉢の器の内側にサラダ油を塗り、**1**の卵液をザルで漉しながら流し入れる。

3 蒸し器を火にかけ、沸騰したらいったん火を止めて鉢を入れる。蓋をして強火にかけて1分半、その後弱火で7分蒸す。

4 蒸しているあいだにあんを作る。小鍋にだし汁を沸かし、カニの身と斜め切りにした長ねぎ、酒、みりん、だししょうゆ、寿司酢を加えひと煮立ちさせる。2倍量の水で溶いた水溶き片栗粉を加えてとろみをつけ、ゆるめのあんを作る。

5 蒸しあがった茶碗蒸しに**4**のあんをかけ、お好みですだちやかぼすを絞ってできあがり。

My Best Select Wine

サントリー
「ジャパン・プレミアム・甲州」
日本固有のブドウ品種甲州の優しく繊細な個性を生かしたワイン。旨味豊かで、だしとの相性も、抜群。和の柑橘系の香りが特徴ですだちをかければ極上のマリアージュ。

参考価格　1,600円（税別）　［サントリーワインインターナショナル］

五目煮豆

冷蔵庫に一品あれば献立の強い味方
懐かしい香りの常備菜

「作りおきのおかず」という意味の常備菜。ごはんやお弁当やおつまみなど「もう一品欲しいな」というときに心強い味方です。乾物や豆など日持ちのする食材で少々濃いめに味つけするのがコツ。子供の頃、実家の冷蔵庫には、ひじきや豆、いもの煮物が必ずあり、考えてみればそれがうちの常備菜だったのだと思います。わたしの大好物だった一品を、母から教わったレシピでご紹介します。

Recipe

材料 4人分

大豆（戻したもの、または水煮）…200g
ひじき…1つかみ
れんこん…10㎝
にんじん…1本
ちくわ…4本
生姜…1かけ
かつおだし（粉末）…10g
酒…100cc
みりん…大さじ2
しょうゆ…大さじ2
サラダ油…適宜

1 大豆は乾物なら一晩水につけて戻し、下茹でする。ひじきは水に浸して戻す。
2 れんこん、にんじんはサイコロ状に、ちくわは縦半分にして5㎜に切る。
3 大きめのフライパンにサラダ油をひいて強火にかけ、みじん切りにした生姜を炒める。香りが立ってきたら、にんじん、れんこんを炒める。
4 ちくわ、ひじき、大豆を加え炒める。
5 かつおだし、酒、みりん、しょうゆを加えて蓋をし、ときどき混ぜ合わせながら中火で煮含ませる。野菜が柔らかくなり味が染み込んだら蓋を取り、混ぜながらしっかり汁気を飛ばしてできあがり。

Point 1

深さがある大きめのフライパンで作ると便利。材料は形やサイズを揃え、固いものから順に強火で炒める。

My Best Select Wine

マァジ
●「モデッロ・ロザート・デッレ・ヴェネツィエ」

イタリアのロゼ。ラズベリーなど赤い実の果実味に柑橘系のアロマも感じられ、軽いタンニンや程よいコクが、かつおだしやしょうゆと馴染みます。家庭料理にうってつけの1本。

参考価格　1,500円（税別）［日欧商事］

豚バラ肉のプルーン煮

濃厚な味わいは、まるで洋風の角煮
飲みたいワインから生まれた料理

ワインと料理を合わせることを、ワインの世界では「マリアージュ」と呼びます。さまざまな組み合わせがあり、答えはひとつではありません。料理に合うワインを選んだり、ワインに合わせてワインを考えたり、「ワインと料理の組み合わせ方」にもいろんなパターンがあります。

これは「飲みたいワイン」があって、そこから料理を考えた、というパターン。このアルゼンチンの赤ワインはとてもパンチがあり、まるでプルーンを煮詰めたような濃厚な果実味が特徴。「じゃあ、お肉をプルーンと一緒に煮込んじゃおう！」。単純ですが、実はワインの中から見つけた香りや味わいを、料理の中に組み入れるのはもっとも簡単で確実な方法です。

Recipe

材料 2人分

豚肩ロース塊肉…500g
バター…大さじ1
玉ねぎ…1個
赤ワイン…200cc
水…200cc
ドライプルーン…10個
ローリエ…2枚
固形ブイヨン…1個
はちみつ…大さじ1
だししょうゆ…大さじ1
オリーブオイル、塩、黒こしょう、小麦粉…各適宜

プチヴェールのオイル煮
プチヴェール…10個
塩、オリーブオイル…適宜

1 豚肉は5㎝角ほどに切り、強めに塩、こしょうをし、小麦粉を薄くまぶす。
2 フライパンにバターを熱し、豚肉の全面を色よく焼きつける。
3 玉ねぎはせん切りにする。煮込み用の厚手の鍋にオリーブオイルをひき、玉ねぎを炒める。しんなりしたら**2**の豚肉を入れ、赤ワインと分量の水を注ぎ入れる。強火でアルコール分を飛ばす。
4 ドライプルーンを加え、ローリエ、固形ブイヨン、はちみつ、だししょうゆを加えて蓋をし、弱火で煮込む。1時間弱煮込んだら火を止め、そのまま1時間程度おいて余熱で火を通す。
5 つけ合わせのプチヴェールのオイル煮を作る。鍋にプチヴェールと塩、オリーブオイル、少量の水を加えて蓋をし、中火にかける。パチパチと音がしたら弱火にして1分、あとは余熱で火を通す。
6 豚バラ肉のプルーン煮を再び火にかけて温め、味をみて足りなければ塩、こしょうをする。器に盛り、プチヴェールのオイル煮を添える。

Point 1
豚肉はバターで全面を色よく焼いて香りをつけ、旨味を閉じ込める。

Point 2
厚手の鍋は余熱でエコ調理。2時間煮込むより、1時間加熱＋1時間火を止めて余熱したほうが、味がじっくり染みる。

Point 3
プチヴェールはビタミンやミネラル豊富な冬野菜。小鍋でさっと火を通すオイル煮は栄養分を壊さずおいしく食べられる。

My Best Select Wine

テラザス
●「リゼルヴァ・カベルネ・ソーヴィニヨン」

バニラやカカオの甘くスパイシーな香りに、濃厚なプラムの果実味が広がる贅沢な味わい。豊かなタンニンが豚バラ肉のボリューム感をしっかりと受け止めます。

参考価格　2,400円（税別）
[MHD モエ ヘネシー ディアジオ]

究極のハンバーグ

ジューシーな肉汁が最高のソース
3種の肉で手間をかけて作る贅沢な味

わたしの料理のモットーは、簡単で手早く、おいしく作ること。でもひとつだけ、ものすごく時間と手間をかける料理があります。それが、ハンバーグです。究極のハンバーグを作りたいと、試行錯誤の末にたどり着いたこのレシピ。

究極なんて大袈裟かも知れませんが、でも、間違いなくおいしいです。ジューシーな肉汁、ボリューム感、滑らかさ、肉の香り高さ……。噛み締めたときにそのどれをも実感できることを目指したこのレシピ、決め手はなんといっても、3種類の肉を使うこと。「牛の赤身のひき肉」「合いびき肉」「牛脂のついた切り落とし牛肉」。部位や挽き方を相談できるお肉屋さんは頼もしい味方です。

Recipe

材料 4個分

玉ねぎ…½個
パン粉…½カップ
牛乳…大さじ2
牛脂…1かけ
牛切り落とし肉…200g
牛赤身のひき肉…150g
卵…1個
合いびき肉…250g
バター…大さじ1
片栗粉…小さじ1
塩、黒こしょう、ナツメグ、
オリーブオイル…各適量

つけ合わせ
トマト…1個
いんげん…10本
オリーブオイル、塩…各適宜

1 玉ねぎはみじん切りにし、オリーブオイルをひいたフライパンで半量になるまで炒めて冷ます。パン粉は牛乳に浸す。

2 牛脂と切り落とし肉を包丁で刻み、粗挽き状態にする。

3 赤身のひき肉を包丁で叩き滑らかにしたら、溶き卵を少しずつ加えながら混ぜ、糊のようなペーストにする。

4 ボウルに**2**の牛脂と切り落とし肉、合いびき肉、**1**の玉ねぎとふやかしたパン粉、片栗粉を加え、塩、こしょうを強めに振る。ナツメグを軽く振り、練らないように注意してざっくりと和えるような感覚で混ぜ合わせる。**3**の赤身ペーストを加え、やはり練らないようにざっと混ぜ合わせ、4等分して小判型に成形する。

5 フライパンを火にかけてオリーブオイルを熱し、ハンバーグを入れ、火が均一に通るように上から真ん中に指でくぼみをつける。

6 片面を強めの中火で3分焼き、香りづけのバターを加えて蓋をする。弱火で5分、ひっくり返して約3分焼く。串を刺して透明な汁が出てきたら焼きあがり。

7 ハンバーグを焼いているあいだに、つけ合わせを作る。トマトは輪切りにし、オリーブオイルを熱した別のフライパンで両面を焼きつける。いんげんは筋を除いて塩茹でする。

8 焼きあがったハンバーグを器に盛り、トマトといんげんを添える。

Point 1
牛赤身肉で滑らかさ、牛切り落とし肉と牛脂はジューシーさ、合いびき肉でコク。それぞれの個性を最大限に生かす。

Point 2
切り落とし肉は牛脂と合わせて包丁で刻み、粗挽き状態に。

Point 3
肉を混ぜ合わせるときは、ざっくりと和えるような感覚で、絶対に練らないように。ふわっとした食感に仕上げるため。

My Best Select Wine

ラポストール
●「キュヴェ・アレクサンドル・メルロ」
プラムやブラックベリーの熟した果実味に樽の甘くスパイシーな香りがリッチ。柔らかな口当たりとすっきりとした酸味が肉汁の旨味をより一層引き立てます。
参考価格　3,000円（税別）
［MHD　モエ・ヘネシー・ディアジオ］

Column 8

エプロンは気持ちのスイッチ！

実は、エプロンを着けるのが、あまり好きではありませんでした。エプロンといえばお母さんとか若奥様。どうもわたしの中では、勝手なイメージが固まっていて、自分はそういう柄ではないなぁと思いこんでいたのですね。

だからいつも普段着のままで料理をして、しょっちゅう服を汚していました。

そんなわたしが、エプロンの魅力に開眼したのは、ほんの2、3年前のこと。

料理番組『沢樹舞のおいしい時間』では、衣装も自分でコーディネートしていたので、撮影の際にはエプロンも自前のものを持参していました。

初めはどんな衣装にも合わせられるプレーンなものを使い回していましたが、回を重ねるうちに遊び心が湧いてきて、洋服に合わせるのはもちろん、料理の色合いや、ときにはお鍋やお皿の色とコーディネートすることもありました。

最近はエプロンもどんどんバリエーションが広がっています。フリフリのラブリーなものから、カラフルなかっぽう着まで、選択肢はさまざま。

中でもわたしが気に入っているのは「お出かけエプロン」と呼ばれるものです。デニム、スウェット、コーデュロイ、ニット……。従来のエプロンにはなかったような素材を使い、デザインもスタイリッシュ。何でもない格好が、エプロンのおかげでたちまちおしゃれになり、お買い物にも堂々と行けてしまう。

こうしてエプロンはわたしの日常になくてはならないものになりました。

エプロンを着けるようになり、気がついたことがあります。エプロンって、キッチンに向かう気持ちの「スイッチ」なんですね。

どんなに料理が好きだって、料理したくない日がある。キッチンに立つのが億劫なときもある。だけど、エプロンの紐をきゅっと結んだら、さぁやるかという気持ちになるのです。

暮らしを楽しむ、とひと口に言っても、実際にはそう簡単なものじゃない。小さなことを積み重ね、薄紙を重ねていくような、地味で退屈な作業の繰り返し。

だからこそ、おしゃれなエプロンを身に着けて、気持ちをアゲることも重要です。

さて、今日はどのエプロンで、料理をしましょうか！

ベストとサロンがくっついたようなユニークなエプロンは「Simply」というブランドのもの。

わたしのエプロンコレクション。普段着がおしゃれに変身するような、そんなエプロンを身につけてキッチンに立てば、気持ちもアップ！毎日の食事作りも楽しくなります。

素材別索引

肉

魚介

野菜

ごはん、麺、そのほか

おわりに

20代はファッションモデル、30代はワイン、
そして40代になったわたしが辿り着いたのは「料理」でした。
食の情報発信をするウェブサイト「たべるの」を運営しながら、
コツコツとレシピを発表してきたわたしに、料理番組の企画が舞い込みました。
2010年10月にスタートした「沢樹舞のおいしい時間」です。
富山から生まれたこの番組は、やがて全国へと広がり、
足掛け5年で10クール、127回という「おいしい時間」を刻みました。

この番組では、レシピの考案やワインセレクトはもちろん、構成や脚本、
テーブルコーディネートや衣装のスタイリングまで、わたし自身が務めました。
それまで培ってきた経験のすべてを投入したわけです。
さらには、生きていくうえで大切にしてきたことのいろいろを、
1つ1つの料理に結びつけながらご紹介しました。
「おいしい時間」でお届けしたのは、単なる料理の作り方ではありません。

毎日を丁寧に生きるためのレシピ、ワクワクしながら過ごす工夫です。
料理で誰かを笑顔にできれば、自分自身が笑顔になれる。
それこそが人生の「おいしい時間」なんだという想いを込めて。

富山県の日本海ガスさんのショールームPregoから、
この本が生まれました。
炎と対話しながら料理する。これがわたしの揺るぎないポリシーですが、
その意味では、わたしに料理を教えてくれたのもまた、炎です。
日本海ガスの新田八朗社長、そして社員の皆さま、本当にありがとうございました。
ショールームPregoの石井知子さん、西本真理子さん、
番組制作のビジョン21井村大蔵さん、吉枝彰子さん、スタッフの皆さん、
皆さんと過ごした日々は、わたしのかけがえのない宝物です。
そしてワイン王国の加藤勝也さんと編集の宮脇灯子さんのおかげで、
「ファーム・トゥ・テーブル」という新たなステージに立つことができました。
お世話になったすべての方にこの場を借りて御礼申し上げます。

沢樹 舞

3月吉日

BESO
CATA
BESO

本書で紹介している
ワイン取扱い元　問い合わせ一覧

※掲載は50音順

会社名	電話番号
アサヒビール㈱	0120-011-121
旭洋酒㈲	0553-22-2236
㈱池光エンタープライズ	03-6459-0480
エノテカ㈱	03-3280-6258
MHD モエヘネシー ディアジオ㈱	03-5217-9733
甲斐ワイナリー㈱	0553-32-2032
カーヴドリラックス	03-3595-3697
国分㈱	03-3276-4125
㈱徳岡	06-6251-4560
日欧商事㈱	0120-200105
㈱ファインズ	03-6732-8600
㈱フードライナー	078-858-2043
三国ワイン㈱	03-5542-3939
メルシャン㈱	0120-676-757
㈱モトックス	0120-344101
㈲ワイナリー和泉屋	03-3963-3217

Staff

撮影　山下敏治
瀧岡健太郎
（カバー、P.1～3、8、26、44、62、80、100、118、136、156）

照明　東田保志

スタイリング　名場文恵
佐々木カナコ
（P.1、8、26、44、62、80、100、118、136）

ヘアメイク　中島由起子

デザイン　GRID

編集　宮脇灯子

制作　高橋忠和（たべるの）
村田恵子（ワイン王国編集部）
加藤勝也（ワイン王国編集部）

special thanks
株式会社ビジョン21　井村大蔵
吉枝彰子
日本海ガス株式会社　石井知子
西本真理子

沢樹 舞（さわき まい）

富山県出身。
株式会社たべるの代表
12年間ファッションモデルとして国内外で活躍後、1998年にソムリエ協会ワインアドバイザーを取得、ワインの専門家に転身。雑誌や新聞での連載ほか、セミナーや講演会、イベント等で全国を駆けめぐる日々。2005年には権威のあるワイン団体「シャンパーニュ騎士団」よりシュバリエ（騎士）の称号を受ける。'08年には食をテーマにしたWEBサイト「たべるの」を立ち上げ、新世代の家庭料理の提案や週末農業の活動を通して、食卓が中心にある生活の大切さを提唱している。自らが企画した料理番組「沢樹舞のおいしい時間」は富山テレビを皮切りに放送規模を拡大、各局で20％前後の高視聴率を記録し、料理家としても活動の場を広げている。週末農業歴も8年目に入り、横浜の畑で常時10種類以上の野菜を栽培。地元富山で米作りにも参加していることから、自らを「菜園料理家」と呼ぶ。
http://www.taberuno.com/

沢樹 舞のおいしい時間2
素材が教えてくれるレシピ集

ファーム トゥー テーブル

第一刷　2015年3月28日
著者　沢樹 舞
発行人　原田 勲
発行所　株式会社ワイン王国
〒106-0046　東京都港区元麻布3-8-4
Tel.03-5412-7894　Fax.03-5771-2393

販売提携　株式会社ステレオサウンド
印刷製本　奥村印刷株式会社

ISBN 978-4-88073-354-8